Rüdiger Trimpop, Andrea Fischbach, Iris Seliger, Anastasiia Lynnyk,
Nicolai Kleineidam & André Große-Jäger (Hrsg.)

21. Workshop Psychologie der Arbeitssicherheit und Gesundheit – Ergänzungsband

Gewalt in der Arbeit verhüten und die Zukunft gesundheitsförderlich gestalten!

Gemeinsam veranstaltet vom
Fachverband Psychologie für Arbeitssicherheit
und Gesundheit (FV PASiG e.V),
der Deutschen Hochschule der Polizei Münster,
dem Lehrstuhl für Arbeits- und Organisationspsychologie
der Friedrich Schiller Universität Jena und
der Initiative neue Qualität der Arbeit

Rüdiger Trimpop, Andrea Fischbach,
Iris Seliger, Anastasiia Lynnyk, Nicolai Kleineidam &
André Große-Jäger (Hrsg.)

Ergänzungsband

21. Workshop Psychologie der Arbeitssicherheit und Gesundheit

Gewalt in der Arbeit verhüten und die Zukunft gesundheitsförderlich gestalten!

Asanger Verlag • Kröning

Layout: Wolfgang Wohlers, einsatz.berlin

Druck: PBtisk, a.s., Czech Republic

Bibliographische Informationen der Deutschen Nationalbibliothek:
Die Deutsche Nationalbibliothek verzeichnet diese Publikation in der Deutschen Nationalbibliographie; detaillierte bibliographische Daten sind im Internet über http://dnb.d-nb.de abrufbar.

Das Werk einschließlich aller seiner Teile ist urheberrechtlich geschützt. Jede Verwertung außerhalb der engen Grenzen des Urheberrechtsgesetzes ist ohne Zustimmung des Verlags unzulässig und strafbar. Das gilt insbesondere für Vervielfältigungen, Übersetzungen, Mikroverfilmungen und die Einspeicherung und Verarbeitung in elektronischen Systemen.

© 2021 Asanger Verlag GmbH Kröning • www.asanger.de
ISBN 978-3-89334-649-3

**Vorwort zum Ergänzungsband des 21. Workshop
Psychologie der Arbeitssicherheit und Gesundheit** 1

- Vorträge im Plenum – Ergänzung 3

  Rüdiger Trimpop
  Präventions- und Gesundheitskultur an der Hochschule 5

- Arbeitskreis 02 – Ergänzung
  Digitalisierung: Überblick 13

  Alexander Bendel & Erich Latniak
  **Soziotechnisch – agil – lean:
  Ein Vergleich dreier Arbeitsgestaltungskonzepte** 15

- Arbeitskreis 03
  **Gesundheitsförderung und Gesundheitsschutz:
  Überblick** 19

  Ina Barthelmes, Wolfgang Bödeker, Jelena Sörensen,
  Kai-Michael Kleinlercher & Jennifer Odoy
  **iga.Report 40: Aktualisierung der Literaturschau zur Wirksamkeit
  der arbeitsweltbezogenen Gesundheitsförderung und Prävention** ... 21

  Marianne Giesert, Anja Liebrich & Tobias Reuter
  **Arbeits- und Beschäftigungsfähigkeit systematisch wiederherstellen,
  erhalten und fördern im Betrieblichen Eingliederungsmanagement** .. 22

  Stefan Joost
  Gibt es eine Psychosomatik der Erkältung? 23

- Arbeitskreis 04
  **Polizei: Gewaltprävention in
  polizeilichen Einsatzsituationen** 27

  Clemens Lorei
  **Kommunikation statt Gewalt – Ergebnisse zweier Studien
  zur Praxis polizeilicher Deeskalation** 29

  Clemens Lorei
  Struktur und Entwicklung sozialer Unterstützung von Polizisten 33

  Wim Nettelnstroth, André Martens & Henriette Binder
  Die charakterliche Eignung von Berufseinsteigenden in der Polizei .. 37

- Arbeitskreis 05 – Ergänzung
  Führung und Organisation: Überblick 43

  Imke Weiser, Julia Spieß & Andreas Zimber
  **Förderung einer Kultur der Prävention:
  Die Rolle der Unternehmensleitung** 45

- Arbeitskreis 14 – Ergänzung
  Aus- und Weiterbildung: Betriebliche Beispiele 49

  Andrea Stocker
  **Eigenverantwortung in der Arbeitssicherheit
  bei jungen Erwachsenen** 51

- Arbeitskreis 18 – Ergänzung
  Digitalisierung: Gefahren 55

  Thorsten Uhle & Gerrit Köppel
  **Gefährdungsbeurteilung psychischer Belastung:
  effizient, partizipativ und motivierend** 57

- Arbeitskreis 19 – Ergänzung
  Führung und Organisation: Verfahren und Schulungen ... 61

  Wim Nettelnstroth
  **Das Kooperative Führungssystem (KFS) in der Berliner Polizei:
  Der Zusammenhang des KFS mit anderen modernen Führungs-
  konzepten und sein Einfluss auf Zufriedenheit, Gesundheit und
  Leistungsbereitschaft** 63

- Arbeitskreis 26 – Ergänzung
  Mobilität, Transport und Verkehr 67

  Julia Hoppe, Henrik Habenicht, Tobias Ruttke, Tanja Nagel,
  Marita Menzel, Hansjörg Hagels & Rüdiger Trimpop
  **Gefährdungsbeurteilung der organisationalen Mobilität
  von Auszubildenden und dualen Studierenden
  eines großen Pharmaunternehmens** 69

- Arbeitskreis 29
  Corona-Pandemie 1: Unterstützung, Beratung, Aufsicht .. 73

  Maik Holtz, Frank Birkenhauer, Alexander Blum,
  Vera Hagemann & Mark Overhagen
  Analysetool für die Teamperformance in Krisenstäben 75

  Friedhelm Nachreiner
  **Arbeitsschutz nach Art der Bundesrepublik Deutschland:
  Teil 2 – das Beispiel der COVID-19-Arbeitszeitverordnung** 79

  Katharina Schneider, Claudia Schmeink & Kathrin Reinke
  **Herausforderung Home-Office: Eine Untersuchung zu
  unterstützenden Einstellungen und Strategien für die
  Grenzgestaltung, Work-Life Balance und Erholung von
  Beschäftigten während einer Pandemie** 83

  Bettina Splittgerber & Claudia Flake
  **Aufsichtshandeln der hessischen Arbeitsschutzbehörde
  während der Corona-Pandemie** 87

- Arbeitskreis 33 – Ergänzung
  Psychische Störungen nach Arbeitsunfällen 91

  Jasmin Krivec, Désirée Zercher & Peter Bärenz
  **Der Arbeitsunfall als traumatisches Ereignis:
  Qualität, Prävalenz und Auswirkung der PTBS-Diagnose
  im Bereich der gesetzlichen Unfallversicherung** 93

- Arbeitskreis 34 – Ergänzung
  Digitalisierung: Chance 4.0 97

  Dirk Marrenbach, Martin Braun & Oliver Scholtz
  **Prinzipien präventiver Arbeitsgestaltung
  am Beispiel digitaler Assistenz im Wareneingang** 99

- Arbeitskreis 37
  Corona-Pandemie 2: Maßnahmen und Wirkungen 103

  Judith Darteh
  Radfahrtraining in der Ferienbetreuung an Grundschulen 105

  Ullrich Dittler, Hendrik Kuijs, Andrea Linke, Jutta Neumann,
  Robert Schäflein-Armbruster, Marcel Schmider & Arno Weber
  **Zwangsweise in digitaler Lehre –
  Ergebnisse aus der Studierenden- und Dozierendenbefragung
  sowie digitaler Nutzungsdaten des Corona-Semesters
  an der Hochschule Furtwangen** 109

  Clarissa Eickholt, Rüdiger Trimpop, Lars Adolph,
  Anja Winkelmann, Martin Templer & Lena Schmitz
  Best Practice für SARS-CoV-2: Erkenntnisse aus 700 Betrieben 113

  Julia Spieß & Andreas Zimber
  **Kurzarbeit, ökonomische Unsicherheit und ihre gesundheitlichen
  Folgen: die moderierende Rolle von Affektivität und
  Erholungsressourcen** 117

  Leonie F. Trimpop & Ulrike Willutzki
  RES-UP! – Resilient trotz Corona durch Online-Intervention 121

  Ulla Vogt, Rainer Oberkötter & Carolin Wolf
  **BGW Krisen-Coaching zur Corona Pandemie –
  1 Jahr Rückblick und Ausblick** 125

- Arbeitskreis 40 – Ergänzung
  **Gewalt am Arbeitsplatz: Traumatisierungen
  und Gefährdungsbeurteilungen** 129

  Fritzi Wiessmann
  **Umgang mit traumatischen Ereignissen – Gezielte Unterstützung
  durch den Unfallversicherungsträger** 131

- **Verzeichnis der Autorinnen und Autoren** 135

Vorwort zum Ergänzungsband des 21. Workshop Psychologie der Arbeitssicherheit und Gesundheit

Im letzten Jahr mussten wir den 21. Workshop Psychologie der Arbeitssicherheit und Gesundheit verschieben, da die Corona-Pandemie ein physisches Zusammenkommen in der Deutschen Hochschule der Polizei (DHPOL) nicht erlaubte. Wir hatten gehofft, uns stattdessen im Juni 2021 treffen zu können, was aber leider noch immer nicht geht. Wir machen also den ersten Online-Workshop in unserer 40-jährigen Tradition!

Die Verschiebung hatte jedoch auch zwei positive Nebeneffekte. Wir sind trotz der Verschiebung brandaktuell mit unseren Themen, wie Digitalisierung, Gewalt am Arbeitsplatz. Und auch die polizeilichen Stressoren, die hier vorgestellt werden, haben durch die Ereignisse des letzten Jahres, z. B. zur Kinderpornographie und den bedauernswerten Beamten, die das Beweismaterial sichten müssen, eine verstärkte Bedeutung erlangt.

Der weltweit größte Einfluss war natürlich die Corona-Pandemie. Da diese auf unsere Gesundheit, das betriebliche Handeln, sehr viele Arbeitsabläufe und über das Homeoffice sogar auf das Privatleben massive Einwirkungen hatte, richteten wir zwei neue Arbeits-Dialog-Kreise ein, die sich spezifisch mit Themen „rund um Sicherheit und Gesundheit unter Corona-Bedingungen" beschäftigen. Dabei sind uns hochaktuelle und bedeutsame Referate und Buchbeiträge als Hilfestellungen für alle Organisationen von Ihnen zugesandt worden.

Sie behandeln zur „Good Practice" Beispiele in mehr als 700 Organisationen, evaluieren und entwickeln Online-Trainings für Führungskräfte und Resilienztrainings für alle Organisationsangehörigen oder setzen sich mit den Folgen von Kurzarbeit und ökonomischer Unsicherheit auseinander. Wichtige Erkenntnisse über die Wirksamkeit der Veröffentlichungen von Staat, Unfallversicherungsträgern und anderen Verbänden wurden ebenfalls aus hunderten Organisationen erhoben und werden hier im Band berichtet. Der eine Arbeits-Dialog-Kreis ist auf wichtige Erkenntnisse für Gesetzgeber, Multiplikatoren, Aufsicht und Gestalter ausgerichtet, der andere eher auf praktische, evaluierte Verfahren und betriebliche Erfahrungen. Somit können wir hier einen aktuellen Beitrag leisten, denn die Pandemie begleitet uns mit Sicherheit noch das ganze Jahr 2021 hindurch – hoffentlich in ständig schwächerem Ausmaß.

Der zweite positive Nebeneffekt ist, dass wir auch noch Beiträge, die für den Hauptband nicht rechtzeitig fertiggestellt wurden, teils durch die AutorenInnen, teils durch die ReviewerInnen, aufnehmen konnten. In manchen Fällen haben wir auch Beiträge eingeworben, die ursprünglich nur als Referat gehalten werden sollten.

Wir haben auch das Praxisprogramm an das Online-Format angepasst und eine Reihe attraktiver Angebote geschaffen. So lassen uns unsere israelischen Partner vom Natal Trauma Center einen praktischen Einblick gewinnen wie sie bei 20.000 israelischen PolizistenInnen ein Resilienztraining durchführen, man kann am BGW-Führungskräfte-Coaching teilnehmen oder sich in Diskussionsmöglichkeiten über Kriterien für die Gefährdungsbeurteilung Psyche stürzen. Bewegungsübungen und Videomaterial sowie eine Arbeitsgruppe zur Diskussion von Mobilitätssicherheit bei Auszubildenden gemeinsam mit dem Deutschen Verkehrssicherheitsrat (DVR) und verschiedene praktische Angebote aus dem polizeipsychologischen Kontext runden das Praxisbild ab.

Das alles war es wert, einen Ergänzungsband zu schaffen, das unter gleicher Herausgeberschaft ein weiteres Buch in der Workshopreihe darstellt. Auch dieser Band ist peer-reviewed. Er wird Ihnen nach der Anmeldung zugestellt, kann zitiert und mit eigener ISBN-Nummer bestellt werden. Die unermüdliche ehrenamtliche Arbeit der HerausgeberInnen, die Unterstützung des BMAS für beide Bände und den Workshop sowie die kostenfreie Produktion des Ergänzungsbandes durch den Asanger Verlag hilft sehr dabei, dass wir den Teilnahmebeitrag sehr kostengünstig halten, ja sogar senken konnten.

Dazu werden wir ein parallel laufendes Online-Sozialprogramm ausprobieren, in dem auch die Pausen und der Gesellschaftsabend abgehalten werden. Wir sind selbst gespannt, wie das wird.

Die beste Nachricht ist, dass wir den nächsten, den 22. Workshop, bereits nächstes Jahr voraussichtlich vom 5. September bis 7. September 2022 an der SRH Hochschule für Gesundheit in Gera unter der wissenschaftlichen Leitung von Prof. Dr. Sabine Rehmer und Clarissa Eickholt (Geschäftsführerin von Systemkonzept) erneut mit dem BMAS und weiteren Partnern abhalten werden und dann hoffentlich wieder präsent.

Wir freuen uns sehr auf die rege Teilnahme und hoffen, dass die Diskussionen online ähnlich fruchtbar verlaufen wie in Präsenz und dass es auch trotzdem zu den so wichtigen Netzwerk-Nebengesprächen und persönlichen „Auffrischungsgesprächen" kommen wird, die unsere Workshops sonst so warm und konstruktiv gestalten.

Bleibt Gesund!

Rüdiger Trimpop im Namen des Herausgeberteams

Vorträge im Plenum
Ergänzung

Rüdiger Trimpop
**Präventions- und Gesundheitskultur
an der Hochschule**

Beiträge im Workshopband 2020

Andrea Fischbach
**Gewalt als
Arbeitsanforderung**
(Seite 5)

Oliver Lauenstein, André Große-Jäger & Andreas Horst
**Basic Work –
Mittendrin und außen vor**
(Seite 13)

Clemens Lorei
**Professionalisierung und Wissenschaft
zur Gewalt in der Polizei**
(Seite 17)

Thomas Ellwart
**Mensch, Softwareagenten und Roboter
in hybriden Teams. Auswirkungen auf Arbeit,
Sicherheit und Gesundheit**
(Seite 25)

Jürgen Loyen
**Gewalt gegen Polizeibeamte:
Allgemeine Situationsbeschreibung und Sachstand
in Thüringen/in der Landespolizeiinspektion Erfurt**
(Seite 41)

Norbert K. Semmer, Sandra Keller & Franziska Tschan
Gruppen-Konflikte
(Seite 53)

Torsten Kunz
**Zukunft der sicherheitstechnischen und
arbeitsmedizinischen Betreuung der Betriebe**
(Seite 69)

Dieter Zapf
**Mobbing am Arbeitsplatz:
Prävention und Intervention**
(Seite 73)

Rüdiger Trimpop
Friedrich-Schiller Universität Jena; PASIG

Präventions- und Gesundheitskultur an der Hochschule

1. Einleitung

Hochschulen sind aus Sicherheits- und Gesundheitsaspekten ein besonderes Feld. Auf engstem Raum kommen sehr viele Gewerke- und Beschäftigungsformen zusammen, gleichzeitig bestehen für den Großteil der Universitätsangehörigen, die Studierenden, keine direkten Zuständigkeiten von sicherheitstechnischen und gesundheitlichen Betreuungen. Der Ansatz der Sicherheitsfachkräfte und betriebsärztlicher Personalausstattung richtet sich nach der Zahl der Beschäftigten und man geht davon aus, dass dann, wenn sich die Beschäftigten in Sicherheit und Gesundheit befinden, das auch für die Studierenden gilt. So kommen auf 25.000 zu betreuende Personen 3–5 Fachkräfte. Auch bei den Beschäftigten gibt es sehr fundamentale Unterschiede zwischen den wissenschaftlich und den nicht-wissenschaftlich Beschäftigten. Letztere haben anderen Verwaltungen ähnliche, klar hierarchische Strukturen und in der Regel dauerhafte Arbeitsverhältnisse mit einem festen Arbeitsplatz.

Ganz anders sieht das bei den wissenschaftlichen Beschäftigten aus. 90 % haben Zeitarbeitsverträge, teilweise nur für wenige Monate, manche sogar gar keine Arbeitsverträge, sondern Stipendien. Manche haben keinen festen Arbeitsplatz, andere wiederum keine Fachvorgesetzten, wie z. B. ProfessorenInnen. Durch die kurze Verweildauer von meist jungen leistungskräftigen Personen werden die wissenschaftlich Beschäftigten oft im betrieblichen Gesundheitsmanagement und in Förderungsprogrammen nicht besonders betrachtet und sehen meist für sich selbst keine Notwendigkeit, teilzunehmen, weil sie (noch) nicht krank sind. Sie können meist an den Programmen der Nicht-Wissenschaftler teilnehmen, aber wissenschaftliches Personal ist für Verwaltungseinheiten schwer zu erreichen und zur Teilnahme zu motivieren.

Wenige Hochschullehrer verstehen sich als Führungskraft. Disziplinarisch sind sie das auch nicht, sondern der Kanzler der Universität, und sehr oft gibt es keine Pflichtenübertragungen etc. HochschullehrerInnen verstehen sich nach unseren Studien in erster Linie als fachliche Leitung. Führungsbezogene Themen wie „gesunde Führung" waren bei unseren Befragungen nur für ca. 10 % der Befragten ein inhaltlich bedeutsamer und verhaltensbezogener Begriff. Für die Sicherheit und Gesundheit der Studierenden fühlt sich eigentlich niemand richtig zuständig. Die Sicherheitsfachkräfte und BetriebsärztInnen sprechen zwar mit den Studierenden und reagieren, wenn sie angesprochen werden. Von sich aus gehen sie jedoch nicht auf die riesengroße Zielgruppe zu, die noch dazu einen gehörigen Teil der Arbeit zu Hause verrichtet und selbst an der Universität keinen Arbeitsplatz hat sondern zwischen Seminarräumen, Bibliotheken, Aufenthaltsräumen, Mensa etc. pendeln muss.

Die Studierenden selbst haben in der Regel keine Ahnung vom deutschen Arbeitsschutzsystem. Befragungen bei mittlerweile mehr als 1.000 Studierenden ergaben, dass nur 9 Personen wussten, dass sie auf Wegen von und zur Uni oder zwischen den Gebäuden bei einem Stolperunfall den Ärzten angeben müssen, dass es ein Arbeitsunfall ist. Selbst wenn bei der Arbeit im Labor ein Unfall geschieht, gehen viele Studierende und studentische/wissenschaftliche Hilfskräfte davon aus, dass sie normal zum Arzt gehen und die Krankenkasse einspringt. Folgerichtig besteht eine enorme Dunkelziffer für jene Art von Unfällen an der Hochschule und sehr wenig präventive Arbeit. Gleichzeitig fehlt für sehr viele Bereiche und Tätigkeiten eine Gefährdungsbeurteilung psychischer Belastungen, die daher ebenfalls mit in den Gesundheitsförderungsansatz integriert werden sollte. Durch die prekäre Beschäftigungssituation der WissenschaftlerInnen fallen Aspekte der Karriereentwicklung und Arbeitsplatzunsicherheit als permanente (Fehl-)Belastungen deutlich stärker ins Gewicht als bei Normalbeschäftigten. Unsere Forschungen ergaben auch, dass Beschäftigte in Zeitarbeit erheblich höheren Gesundheitsgefährdungen ausgesetzt sind als andere. Dies wäre auch an Hochschulen anzunehmen.

Anzumerken ist jedoch, dass gleichzeitig zu diesem Missstand, bei vielen Studierenden und MitarbeiternInnen eine hohe Kenntnis über und ein Bewusstsein für gesundes Leben, Ernährung, Umweltbewusstsein, Hilfsbereitschaft und Ideenreichtum bestehen. Die wissenschaftlichen Beschäftigten sind teilweise sogar an der Vorderfront der Gesundheits- und Sicherheitsforschung, aber wenden diese Erkenntnis selten auf die eigene Organisation an.

Aus diesen Gründen haben wir einen Ansatz entwickelt, der alle Organisationsangehörigen der Universität einbindet, der viele von ihnen zu den selbst Aktiven macht, der Eigenverantwortung und Hilfe zur Selbsthilfe erzeugt und der die (zu) wenigen „offiziellen Akteure" (z. B. Sifas) massiv in der gesundheitsbezogenen Arbeit unterstützt. Gleichzeitig entstehen dadurch permanente Forschungsdaten im Längsschnitt, die sonst in Organisationen nur selten zu erhalten sind. Der Weg dazu, die Methoden, Instrumente und Maßnahmen sind auf viele Forschungs-, Lehr- und Weiterbildungseinrichtungen national und international übertragbar.

2. Struktureller Aufbau

Der Grundgedanke des Ansatzes ist, alle Organisationsangehörigen in Forschung, Lehre, Arbeitsalltag und individuellen Interessen für die gemeinsame Gesundheit dauerhaft und nachhaltig einzubinden. Dazu benötigt man Personal aus dem Hause,

Finanzierungshilfe von außen und Einsatzbereitschaft von vielen Akteuren. Die vorhandenen Abteilungen des Arbeitsschutzes und betriebsärztlichen Dienstes wurden ergänzt durch ein betriebliches (BGM) und studentisches Gesundheitsmanagement (SGM). Finanziert wurde das durch ein Präventionsförderungsprojekt der Krankenkassen, die seit dem Präventionsgesetz diesbezüglich Förderprojekte finanziell unterstützen. In Hochschulen werden häufig Angebote der AOK, Barmer, Techniker und von Betriebskrankenkassen genutzt. Im Fall Jena ist die AOK+ der Förderer, an der Hochschule Gera die Barmer. Die Krankenkassen finanzierten in Jena Stellen für den Aufbau und stellten Mittel für Maßnahmen und Sachmittel zur Verfügung. Auf diese Weise kamen zwei Planstellen über 10 Jahre zu einer systematischen Förderungsarbeit. Die Universität erklärte sich bereit, danach (ab 2025) dauerhaft 1,5 Stellen im zusammengeführten Universitätsgesundheitsmanagement (UGM) weiterzuführen.

Nun sind diese Planstellen natürlich für 25.000 Personen nicht annähernd ausreichend zum Aufbau und zur Betreuung oder gar Durchführung von Maßnahmen. Daher wurde insbesondere der Hochschulsport und für Weiterbildungsmaßnahmen die Abteilung Personalentwicklung und die Graduiertenakademie hinzugezogen. Auf diese Weise wurde ein Grundstock an Maßnahmen eingeführt, die aber fast ausschließlich von Verwaltungsmitarbeiterinnen genutzt wurden.

Zur Umsetzung des ganzheitlichen Ansatzes wurden daher von der Abteilung Arbeits-, Betriebs- und Organisationspsychologie für einen Zeitraum von drei Jahren Projektseminare und Masterseminare in den Prozess involviert, sodass der arbeitende Personalstamm sich um 100 Studierende und DozentInnen erhöhte. Gleichzeitig wird in der kommenden Phase die Einbindung in die Lehre anderer Professuren (z.B. Sportmedizin, Ernährungswissenschaften, Erziehungswissenschaften, Soziologie etc.) angestrebt. Hier gehört es zum Lehr- und Lernstoff, dass die Studierenden als Teil oder Zusatz zu ihrer regulären Ausbildung den Aufbau und die Maßnahmen begleiten, gestalten und evaluieren.

Die folgende Grafik stellt den prinzipiellen Aufbau dar. Jedem Bereich ist ein Mitglied des Präsidiums zugeordnet, um die Nachhaltigkeit und das Commitment der Hochschule zu erzeugen und zu verdeutlichen.

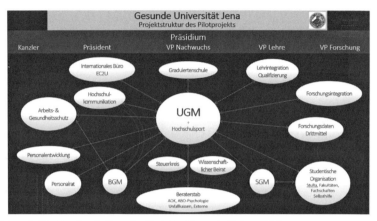

Abbildung 1: Struktureller Aufbau des Projekts: Gesunde Universität Jena.

An der wesentlich kleineren benachbarten privaten SRH Hochschule für Gesundheit in Gera (80 Beschäftigte) hat die Professorin der Arbeits- und Organisationspsychologie, Sabine Rehmer, einen ähnlichen Ansatz mit ihren Psychologiestudierenden umgesetzt. Ein Beispiel dieses Ansatzes ist auf dem Workshop zu sehen: der online Gesundheitstag, der von Studierenden mit Studierenden durchgeführt wird und der hier online besuchbar ist. Sabine Rehmer leitet den PASIG-Expertenkreis Gesundheit und wird auch den nächsten Workshop 2022 in Gera wissenschaftlich leiten, bei dem man das in Präsenz betrachten kann.

Weiterhin werden Planungen an der Universität Trier, von den PASIG-Expertenkreisleitern Thomas Ellwart (Netzwerke) und Conny H. Antoni (Führung), umgesetzt, diese Aspekte der Sicherheit und Gesundheit direkt ins Curriculum einzuflechten. Da die PASIG-Expertenkreise immer auch mit einer Praxisleitung ausgestattet sind, wird der Praxisbezug und der Transfer in organisationalem Nutzen automatisch berücksichtigt und integriert.

Wir streben an diesen Hochschulen an, auch die „neue" Ausbildung zur Sicherheitsfachkraft in die Ausbildung von ArbeitspsychologenInnen und anderen einzubinden, was an den Universitäten Jena und Gera bereits bei mehr als 70 AbsolventenInnen mit der „alten" Ausbildung gelungen ist.

Zusätzlich wird die Kooperation vom Fachverband PASIG mit der Weiterbildung zum Fachpsychologen für Sicherheit und Gesundheit der DGPS (Deutsche Gesellschaft für Psychologie) ebenfalls vernetzt. PASIG kann dabei die Praxiskontakte sehr gut darstellen, und unsere betrieblichen Partner können auf diese Weise ständige Unterstützung für alle Sicherheits- und Gesundheitsfaktoren rund um den Faktor Mensch erhalten.

3. Instrument-/Maßnahmenentwicklung, Durchführung
Beim Projekt gingen wir nach folgendem Schema vor:
Planung → Diagnostik → Maßnahmen → Evaluation → Transfer/Verstetigung

1. Planung
- Bestandsanalyse des Gesundheitsmanagements aller Universitäten Deutschlands durch das Projektseminar ABO-Psychologie
- Bedarfsanalyse der Universität Jena durch Interviewbefragungen von allen Statusgruppen durch ABO-Lehrstuhl/Projektseminar
- Bestandsanalyse von Vorhandenem an der Universität Jena
- Integration aller beteiligten Akteursgruppen zur Planung
- Genehmigung des Projektes durch das Präsidium
- Schaffung der studentischen Strukturen im Studierenrat in Fakultäten und Fachschaften
- Einbeziehung der betroffenen Dezernate und Abteilungen für Kommunikation, Studienangelegenheiten, Weiterbildung etc.

2. Diagnostik
- Masterseminar ABO-Psychologie erfasst Mindmap der ProfessorenInnen und Dezernatsleitungen zum Thema „Gesunde Führung"
- Projektseminar ABO-Psychologie sichtet Gefährdungsbeurteilungen Psyche und andere Gesundheitsbefragungen aus der Literatur
- Projektseminar ABO plus Arbeitsbereichsleitungen integrieren Befragungsergebnisse, mit Gefährdungsbeurteilungsfragen und erweitern die Interviews um Fragen zur Bekanntheit und Kommunikationsart der bestehenden universitären Angebote
- Fragenvorschlag endgültig überarbeitet/freigegeben durch: ASA, Personalrat, Abt. Arbeits- und Gesundheitsschutz, Präsidium
- Programmierung und Testlauf in ausgewählten Abteilungen mit adaptivem Online-Instrument (Modell GUROM, in diesem Band, S. 71 ff.)
- Gesamtbefragung Studierende
- Gesamtbefragung Organisationsangehörige Uni Jena
- Analyse durch Projektseminar ABO

3. Maßnahmen
- Sammlung bereits vorhandener Maßnahmen plus kostenloser Zusatzangebote der Unfallkassen und anderer Kooperationspartner (z.B. ResUp der Uni Witten-Herdecke, in diesem Band, S. 121 ff.) und Bereitstellung auf den Internetseiten des betrieblichen und studentischen Gesundheitsmanagements. Das wurde ge-

macht, da durch die Befragung ggfls. Bedarfe entstehen und Personen, die unmittelbare Hilfe suchen, nicht ins Leere laufen sollen, bis die Befragung und Maßnahmenableitung abgeschlossen sind.
- Analyse der Befragungsergebnisse und Ableitung von Interventionsmaßnahmen durch alle offiziellen und studentischen Akteure, Statistik durch ABO-Masterstudierende.
- Analyse der Fachbereiche und Tätigkeiten, die eine intensivere Analyse psychischer (Fehl-)Belastung benötigen, z. B. durch Workshops.
- Entwicklung und Beauftragung spezifischer Maßnahmen durch Studierende und DozentInnen der jeweiligen wissenschaftlichen Fachbereiche der Universität, die für die Probleme und deren Lösung wissenschaftlich prädestiniert sind.
- Angebot der Maßnahmen von Studierenden für Studierende und Mitarbeitende
- Externe Angebote für Erkenntnisse aus den Befragungen.

4. *Evaluation*
- Datensammlung aus der Gesamtbefragung und Interventionen
- Projektseminar ABO Psychologie entwickelt für alle Maßnahmen Evaluationsinstrumente
- Andere Fachbereiche evaluieren ihre Veranstaltungen
- Gewinnung von Forschungsprojekten (Drittmittel) zur Wirksamkeitsmessung und Personal- und Maßnahmenfinanzierung
- Universitäre Gesundheitsbereiche (UGM, SGM, BGM) wiederholen Diagnostik nach einem Jahr

5. *Transfer/Verstetigung*
- Ergebnispräsentation und Maßnahmenvorstellung auf Gesundheitstag
- Veröffentlichungen und Präsentationen
- „Train the Trainer" für alle Institute und Fachabteilungen, Übergabe an Stammpersonal für Universitäres Gesundheitsmanagement
- Nutzungsmöglichkeit der Befragungsinstrumente für andere Universitäten
- Übersetzung und Einsatz im EU-Projekt EC2U (Leitung Workpackage „healthy organisation" durch Rüdiger Trimpop)
- Regelmäßige Durchführung der Gesamtbefragung und Gefährdungsbeurteilung alle zwei Jahre durch UGM plus Fachabteilungen
- Koordination der Lehr- und Forschungsprojekte im Projektzusammenhang
- Koordination aller Maßnahmenangebote
- Kontinuierlich Optimierung durch wissenschaftlichen, studentischen und praktischen Beirat

Das Diagnoseinstrument ist in fünf Komponenten gegliedert:

1. *Gefährdungsbeurteilung psychischer (Fehl-)Belastungen*
- „In meiner Arbeit ereignen sich sehr oft Dinge und Situationen, die nicht vorhersagbar sind."
- „Es kommt häufig vor, dass widersprüchliche Anforderungen gestellt werden."
- „Konflikte im Arbeitsumfeld wirken sich häufig negativ auf meine Gesundheit aus."

2. *MitarbeiterInnen Gesundheit*
- „Neben meiner Tätigkeit an der Uni baue ich mir ein zweites Standbein auf."
- „Wie viele Stunden arbeiten Sie tatsächlich in der Woche?"
- „Ich habe regelmäßig die Möglichkeit, während der Arbeitszeit an berufsbezogenen Fort- und Weiterbildungsangeboten teilzunehmen."

3. *Führung*
- „Ich wünsche mir Weiterbildungsangebote für Führungskräfte zum Umgang mit Problemen im Team."
- „Wenn ich eine Idee zur Verbesserung der Gesundheit meiner Teammitglieder habe, habe ich die Freiheit, diese umzusetzen."
- „Ich habe immer ein offenes Ohr, wenn meine Mitarbeitenden mit mir über ihre Arbeitsbedingungen sprechen möchten."

4. *Studierende*
- „Ich werde bei komplexen Aufgaben meiner Arbeit oft unterbrochen."
- „Unter meinen Mitstudierenden gibt es einen hohen Wettbewerb."
- „Wie häufig sind die folgenden Beschwerden in den letzten 6 Monaten bei Ihnen aufgetreten?"

5. *Gesundheitsangebote – Menge, Nutzung, Zufriedenheit, Information*
- „Die Gesundheitsangebote haben einen sehr guten zeitlichen Umfang."
- „Die Veranstaltungen während der Corona-Pandemie werden in ausreichender Zahl angeboten."
- „Bisher habe ich durch folgende Medien über die Gesundheitsangebote der Universität Jena erfahren."

4. Erste Ergebnisse und Erkenntnisse

An der Universität Jena wurde das Modell so aufgebaut, wie es nachher auch im Alltagsbetrieb laufen soll, mit Studierenden der ABO-Psychologie als Teil ihrer regulären curricularen Lehre. Im Projekt entstehen derzeit fünf Masterarbeiten, zwei Dissertationen, und ca. 70 Studierende arbeiten aktuell in vollem Einsatz mit, auch in der vorlesungsfreien Zeit, weitere 30 kommen im Wintersemester dazu. Die angesprochenen ProfessorenInnen sind initialbegeistert und bereit mitzumachen. Zum Zeitpunkt des Vortrages liegen erste Ergebnisse der Gesamtbefragung vor, die im April beginnen wird.

5. Transfer und Nutzen für alle Beteiligten

Wie bereits erwähnt, werden die Instrumente auch anderen Universitäten und Bildungseinrichtungen gegen Überlassung der Daten für Forschungszwecke zur Verfügung gestellt.

Außerdem wird das Projekt im Rahmen des 8-Länderverbundes des EU-Projektes EC2U eingesetzt und in einer Summer School 2023 für alle vorgeführt, durchgeführt und in ein europäisches Gesundheitsmasterprogramm integriert.

Der Forschungsnutzen wird durch einen kontinuierlicher Datenstrom und die Möglichkeit zur Drittmitteleinwerbung geschaffen. Information zur Optimierung der Prävention unterstützt die Fachabteilungen.

Durch die Beteiligung aller wird ein verändertes Gesundheitskulturverständnis mit kontinuierlicher, in den Alltag integrierter Aufmerksamkeit erzielt.

Maßnahmen zur Führungskompetenz in Gesundheits- und Sicherheitsthemen unterstützen die Leitungspositionen.

Die beteiligten Studierenden sind hoch begeistert und lernen alle Kompetenzen nicht nur theoretisch, sondern in der Praxis zu ihrem eigenen Vorteil und dem ihrer Uni-KollegInnen.

Das Projekt ist eine Qualifizierungschance für die wissenschaftlichen MitarbeiterInnen. Nur ein geringer Bruchteil der Promovierenden landet in Dauerstellungen an Universitäten und Forschungseinrichtungen, nur 2% werden ProfessorInnen. Wenn sie Praxiskompetenzen zur Maßnahmengestaltung, Evaluation, Führung und Maßnahmendurchführung bei der alltäglichen Arbeit lernen, kann durch die Entwicklung eines entsprechenden Zertifikates der Weg in die außeruniversitäre Praxis maßgeblich unterstützt werden.

Insgesamt besteht die Aussicht, dass die Gesamtgesundheit, inkl. körperlichem, psychischem Wohlbefinden und beruflicher Zufriedenheit, gesteigert werden und dass die eigenverantwortliche Selbstwirksamkeit trainiert wird.

Ein klassischer Spruch in Deutschland ist:
Wie krank muss man werden, um an Gesundheit zu denken?
Wir münzen das um in:
Was können wir heute tun, um morgen gesund und glücklich zu sein?

Arbeitskreis 02 – Ergänzung
Digitalisierung: Überblick
Leitung: Roland Portuné

Alexander Bendel & Erich Latniak
**Soziotechnisch – agil – lean:
Ein Vergleich dreier Arbeitsgestaltungskonzepte**

Beiträge im Workshopband 2020

Alexander Bendel & Erich Latniak
Prinzipien Soziotechnischer Systemgestaltung (STS)
am Beispiel der Einführung eines
digitalen Informations- und Kommunikationssystems
(Seite 101)

Andreas Glenz
Virtuelle Realität in der Unfallprävention –
Chancen und Grenzen
(Seite 105)

Nicolai Johannes Kleineidam
Gesundheitsförderung durch den Einsatz
von Pflegerobotern
(Seite 109)

Peter Nickel
Digitalisierung, Vernetzung, Dynamisierung
und Maschinen- und Systemsicherheit
(Seite 113)

Roland Portuné & Heinz Schmid
Neue Wege der Beratung – Weiterentwicklung
des Beratungsverständnisses der Aufsichtspersonen
und weiteren Präventionsfachkräfte
(Seite 117)

Alexander Bendel & Erich Latniak
Universität Duisburg-Essen, Institut Arbeit und Qualifikation

Soziotechnisch – agil – lean:
Ein Vergleich dreier Arbeitsgestaltungskonzepte

1. Hintergrund

Unter der Zielsetzung, Schnelligkeit am Markt, kundenbezogene Flexibilität und Innovationsfähigkeit gleichermaßen zu erhöhen, nutzen Unternehmen unter Bedingungen zunehmender Digitalisierung unterschiedliche Orientierungen und Vorgehensweisen bei der Arbeitssystemgestaltung: In der aktuellen Fachdiskussion dominieren agile und Lean-Production- bzw. -Management-orientierte Ansätze; daneben wird punktuell – und in Deutschland eher in der Informatik – an soziotechnische (ST) Gestaltungskonzepte angeknüpft (vgl. Mohr & van Amelsvoort, 2016). In der Praxis findet sich eine Vielfalt von unterschiedlichen Vorgehensweisen und Varianten dieser Konzepte, die zudem in den Unternehmen in je spezifischer Weise genutzt werden. Spannbreite und Ausprägung in der praktischen Umsetzung sind einerseits noch hybrider als es schon in den für die drei Ansätze verfügbaren Konzepttexten nahegelegt wird. Andererseits lassen sich auch konzeptionell nicht immer klare Unterschiede zwischen leanen, agilen und ST-Ansätzen der Arbeitssystemgestaltung finden.

Im Folgenden werden die genannten Ansätze – notwendigerweise sehr verkürzt – konzeptionell hinsichtlich ihrer Anschlussfähigkeit an eine ganzheitliche und dabei gesundheitsförderliche Gestaltung von Arbeitssystemen miteinander verglichen.

2. Verbindende Elemente und Unterschiede zwischen den Konzepten

Die drei Arbeitsgestaltungsansätze weisen schon hinsichtlich ihrer Begründung Differenzen auf, die sich in der Ableitung bzw. Ausblendung bestimmter Gestaltungsaspekte äußern. So zielen Lean-Konzepte insbesondere auf möglichst effiziente Prozesse ab; für die Gestaltung handlungsleitend sind dabei die Kunden- bzw. Marktanforderungen. Diese werden auch im Rahmen agiler Vorgehensweisen betont, gleichzeitig werden dort aber die Bedürfnisse der Beschäftigten expliziter berücksichtigt. Dies äußert sich z. B. in dem Ziel, individuelle Arbeitsaufwände im Team auszubalancieren. Für soziotechnische Konzepte waren Kundenbedürfnisse über lange Zeit kaum im Blick; primär sollten menschengerechte Arbeitssysteme gestaltet werden, wobei insbesondere technikdominierte Umsetzungen vermieden wurden.

2.1 Eigenschaften des Arbeitssystems in den Konzepten
Eine grundlegende Gemeinsamkeit der drei Konzepte liegt in ihrer Abkehr von tayloristischen Prinzipien und in der Betonung der Teamarbeit: Alle drei Ansätze präferieren die Arbeit in Teams, in denen die Beschäftigten ihre Arbeit planen, kooperieren und über substanzielle Handlungs- und Entscheidungsspielräume verfügen. Diese Teilautonomie impliziert weniger Hierarchieebenen. Zudem sehen die Ansätze einerseits regelmäßiges Feedback für die Beschäftigten zu ihren Arbeitsergebnissen vor, andererseits geben die Beschäftigten Feedback zu diesen Arbeitsprozessen. Insofern decken die drei Konzepte das Kriterium lernförderlicher Arbeit konzeptionell ab und eröffnen unterschiedliche Optionen für die Persönlichkeitsentwicklung der Beschäftigten.

Diese Merkmale legen nahe, dass so gestaltete Arbeit mit relativ hohen Anforderungen an die Beschäftigten einhergeht: Wer mit anderen im Team zusammenarbeitet, braucht auch sozial-kommunikative Kompetenzen und die Fähigkeit zur (Selbst-) Reflexion. Dass neben der Ausführung von Tätigkeiten auch Planung und Steuerung des Arbeitsprozesses sowie die Überprüfung des Arbeitsergebnisses von den Beschäftigten erbracht werden müssen, erhöht darüber hinaus das Risiko der Arbeitsintensivierung bei engen Terminvorgaben.

Während sich in Lean-Konzepten i.d.R. explizit keine gesundheitsförderlichen Zielkriterien finden lassen, sind in agilen Ansätzen Puffer- und Schutzelemente enthalten: So ist etwa bei *scrum* der *scrum master* dafür zuständig, das Team von Störungen abzuschirmen. Zudem sollen die laufenden *sprints* nicht durch neue Anforderungen geändert werden. Auch in ST-Konzepten wird explizit gefordert, die Anstrengungen der Beschäftigten durch Arbeitsgestaltungsmaßnahmen auszubalancieren (z.B. Clegg, 2000).

ST-Ansätze eint zumindest ein Grundaxiom: Arbeitssysteme bestehen aus sozialen und technischen Sub-Systemen, die in Wechselwirkung zueinanderstehen. Dieser Fokus auf das technische System fehlt bei leanen und agilen Konzepten völlig – sie sind in diesem Sinn technikblind, denn sie betrachten ausschließlich die Organisation und blenden die technische Beschaffenheit der Arbeitsmittel aus. Für die Arbeitsbedingungen macht dies substanzielle Unterschiede aus, denn in den technischen Arbeitsmitteln sind u.a. Möglichkeiten und Beschränkungen der Kooperation und des teilautonomen Handelns angelegt.

Unterschiede zwischen den drei Konzepten bestehen auch hinsichtlich ihrer Skalierbarkeit: Während Lean-Ansätze dezidiert den produzierenden Betrieb in seiner Gesamtheit unter Wertschöpfungsperspektive in den Blick nehmen, beziehen sich agile Methoden lediglich auf die Gestaltung der Arbeit einzelner Teams. Zwar wird mittlerweile versucht, agile Prinzipien unternehmensweit anzuwenden; diese Versuche scheinen sich aber eher an Lean-Prinzipien zu orientieren als eigenständige agile Lösungen zu entwickeln. Soziotechnische Konzepte variieren an diesem Punkt: Bei Strohm & Ulich (1997) wird etwa deutlich, dass sowohl Einzelaufgaben und Teams als auch der gesamte Betrieb Gegenstand der Arbeitssystemgestaltung und -bewertung sind.

Alle drei Ansätze geben Kriterien für die Gestaltung des Wertschöpfungsprozesses vor. Anders verhält sich dies aber für Veränderungsprozesse: Zwar haben Beschäftigte, deren Arbeit nach agilen Prinzipien gestaltet wurde, z.B. die Möglichkeit retrospektiv Arbeitsmenge und -inhalte zu reflektieren, die Prozesse bleiben aber einerseits als solche unhinterfragt, andererseits existiert kein Instrumentarium, das Orientierung in der Gestaltung der Veränderungsprozesse geben würde. Lean-Konzepte wiederum sehen durch den Kontinuierlichen Verbesserungsprozesses (KVP) systematisch vor, auch die Arbeitsprozesse selbst zu verändern. Hier sind wiederum soziotechnische Konzepte am umfassendsten: Sowohl Leitlinien, die explizit die Weiterentwicklung des Arbeitssystems vorsehen (z.B. bei Hermann & Nierhoff, 2019), als auch Prozessmodelle, die Hinweise geben, wie ein nötiger Veränderungsprozess zu gestalten ist (Winby & Mohrmann, 2018), liegen ausgearbeitet vor.

2.2 Kundenbezug – der Output des Arbeitssystems

Neben diesen Aspekten verbindet die drei Konzepte die Berücksichtigung der betrieblichen Umwelt, insbesondere der Kundenperspektive, bei der Arbeitssystemgestaltung: Während leane und agile Ansätze von Beginn an die Bedürfnisse und Anforderungen der Kunden als konstitutives Element der Systemgestaltung behandelt haben, ist die Integration dieser Perspektive in die soziotechnische Arbeitssystemgestaltung eher neu (Winby & Mohrmann, 2018).

Allerdings garantiert dabei eine Berücksichtigung der Kundenperspektive im Prozess der Produkterstellung allein noch kein Produkt oder Ergebnis, das in der späteren Praxis als ‚nutzerfreundlich' zu bewerten ist. Dazu bedarf es Kriterien im Herstellungsprozess, die eine Beurteilung von Nutzerfreundlichkeit ermöglichen, denn nur so kann beurteilt werden, ob die jeweiligen Arbeitsgestaltungskonzepte auch für diesen Aspekt halten, was sie versprechen.

Während leane Konzepte hier offenbar einen blinden Fleck haben, würden Vertreter agilen Vorgehens argumentieren, dass dies z.B. im *scrum* durch den *product owner* gewährleistet sei, der dies zu beurteilen habe. Allerdings gibt es keine expliziten Leitlinien oder Kriterien, die konkret sicherstellen, dass der product owner Interessen späterer Nutzer repräsentiert; außerdem gibt es im agilen Methodenkanon keine Kriterien zur späteren Evaluation des Endproduktes, dies ist über den *product backlog* nur implizit festgelegt. Soziotechnische Leitlinien hingegen, wie z.B. im Falle von Cherns (1987), liefern solche Kriterien, wodurch grundsätzlich sowohl ganze Arbeitssysteme als auch einzelne Arbeitsmittel im Hinblick auf ihre Effekte auf die Arbeitsbedingungen beurteilt werden können.

3. Fazit

Im Vergleich mit den agilen und Lean-Konzepten tragen ST-Konzepte ‚ganzheitlicher' zur Beurteilung der zu gestaltenden Arbeitssysteme bei. Zudem existieren im ST-Ansatz geeignete Instrumente, die nicht nur den Zielzustand eines Arbeitssystems definieren, sondern auch Hinweise dafür geben, wie bzw. durch welche Veränderungsprozesse dieser Zielzustand zu erreichen ist und welche Gestaltungsprinzipien zur Beurteilung genutzt werden können. Sie decken dabei mehr gesundheitsbezogene Aspekte als die beiden anderen Ansätze ab.

Vor dem Hintergrund der zunehmenden und sich z. T. beschleunigenden Digitalisierung der Arbeitswelt erscheint es uns deshalb ratsam, für die Arbeitssystemgestaltung auf die angesprochenen neueren ST-Ansätze zurückzugreifen. Sie können auf konzeptioneller Ebene agile und Lean-Konzepte grundsätzlich ergänzen und an dort nicht berücksichtigten Punkten komplementär weiterhelfen (Berücksichtigung von Arbeitsmitteln, Veränderungsprozessen, Evaluationskriterien).

Förderhinweis

Das Projekt „Arbeits- und prozessorientierte Digitalisierung in Industrieunternehmen – Weiterentwicklung kompetenter Arbeitssysteme (APRODI)" wird vom Bundesministerium für Bildung und Forschung (BMBF) und dem Europäischen Sozialfonds (ESF) gefördert und läuft vom 01.01.2017 – 31.01.2020. Förderkennzeichen: 02L15A 040 – 046.

Literatur

Cherns, A. (1987): Principles of Sociotechnical Design Revisted. In: Human Relations 40 (3), S. 153–161.
Clegg, C. W. (2000): Sociotechnical principles for system design. In: Applied ergonomics 31 (5), S. 463–477.
Herrmann, T. & Nierhoff, J. (2019): Heuristik 4.0. Heuristiken zur Evaluation digitalisierter Arbeit bei Industrie-4.0 und KI-basierten Systemen aus soziotechnischer Perpsektive. Düsseldorf: FGW-Studie.
Mohr, B. J. & van Amelsvoort, P. (2016): Co-creating humane and innovative organizations. Evolutions in the practice of socio-technical system design. Portland, ME: Global STS-D Network.
Strohm, O. & Ulich, E. (1997): Unternehmen arbeitspsychologisch bewerten. Ein Mehr-Ebenen-Ansatz unter besonderer Berücksichtigung von Mensch, Technik und Organisation. Zürich: vdf Hochschulverlag.
Winby, S. & Mohrman, S. A. (2018): Digital Sociotechnical System Design. In: The Journal of Applied Behavioral Science 54 (4), S. 399–423.

Arbeitskreis 03
Gesundheitsförderung und Gesundheitsschutz: Überblick
Leitung: Ina Barthelmes

Ina Barthelmes, Wolfgang Bödeker, Jelena Sörensen,
Kai-Michael Kleinlercher & Jennifer Odoy
iga.Report 40: Aktualisierung der Literaturschau zur Wirksamkeit der arbeitsweltbezogenen Gesundheitsförderung und Prävention

Marianne Giesert, Anja Liebrich & Tobias Reuter
Arbeits- und Beschäftigungsfähigkeit systematisch wiederherstellen, erhalten und fördern im Betrieblichen Eingliederungsmanagement

Stefan Joost
Gibt es eine Psychosomatik der Erkältung?

Ina Barthelmes, Wolfgang Bödeker, Jelena Sörensen,
Kai-Michael Kleinlercher & Jennifer Odoy

iga.Report 40: Aktualisierung der Literaturschau zur Wirksamkeit der arbeitsweltbezogenen Gesundheitsförderung und Prävention

Mit dem iga.Report 40 (Barthelmes et al. 2019) erscheint in Kürze die vierte Aktualisierung der Zusammenstellung der wissenschaftlichen Übersichtsliteratur zur Wirksamkeit der Gesundheitsförderung und Prävention in der Arbeitswelt. Der Beitrag stellt den Report vor und fasst die Ergebnisse der Literaturschau zusammen.

Durch ein neues Berichtskonzept fokussiert der iga.Report 40 neben der „reinen" Effektivität von Maßnahmen verstärkt auch Faktoren, die den Transfer von Studienwissen in die Praxis erleichtern sollen. Die Methodik des Reports folgt der eines systematischen Meta-Reviews (auch als Overview oder Umbrella Review bezeichnet). Zunächst wurde eine umfassende systematische Literaturrecherche durchgeführt. Alle identifizierten Übersichtsarbeiten durchliefen eine methodische Qualitätsbewertung mithilfe des Instruments AMSTAR 2 (Shea et al., 2017). Reviews, deren Qualität als ausreichend eingestuft wurde, wurden unter Heranziehung des theoretischen Rahmenmodells „RE-AIM" ausgewertet und damit auch in Bezug auf Aspekte der externen Validität und relevante Rahmenbedingungen wie z. B. Erreichbarkeit, Implementierung oder Nachhaltigkeit analysiert.

Gemessen an der Zahl der Übersichtsarbeiten ist die Wissensbasis deutlich gewachsen, auch wenn die Qualität der Evidenz in mehreren Themenfeldern nach wie vor begrenzt ist. Insgesamt zeichnet die Interventionsforschung ein positives Bild und liefert eine Reihe von Hinweisen, welche Maßnahmen helfen, die Gesundheit von Beschäftigten zu erhalten und arbeitsbedingten Erkrankungen vorzubeugen. Insbesondere im Handlungsfeld Stress und psychische Störungen ist die Evidenzlage ermutigend.

Literatur

Barthelmes, I., Bödeker, W., Sörensen, J., Kleinlercher, K.-M. & Odoy, J. (2019): Wirksamkeit und Nutzen arbeitsweltbezogener Gesundheitsförderung und Prävention. Zusammenstellung der wissenschaftlichen Evidenz für den Zeitraum 2012 bis 2018. *iga.Report 40*. Berlin: Initiative Gesundheit und Arbeit (iga) in Zusammenarbeit mit der DRV Bund.

Shea, B.J., Reeves, B.C., Wells, G., Thuku, M., Hamel, C., Moran, J., Moher, D., Tugwell, P., Welch, V., Kristjansson, E. & Henry, D.A. (2017): AMSTAR 2: a critical appraisal tool for systematic reviews that include randomised or non-randomised studies of healthcare interventions, or both. *British Medical Journal* 358, j4008. DOI: 10.1136/bmj.j4008.

Marianne Giesert, Anja Liebrich & Tobias Reuter
Institut für Arbeitsfähigkeit GmbH – Giesert, Liebrich, Reuter

Arbeits- und Beschäftigungsfähigkeit systematisch wiederherstellen, erhalten und fördern im Betrieblichen Eingliederungsmanagement

In diesem Beitrag wird das Arbeitsfähigkeitscoaching als innovatives Gesamtkonzept für das betriebliche Eingliederungsmanagement BEM nach § 167 Abs. 2 SGB IX beschrieben.

Das in der Praxis erprobte und theoretisch fundierte Arbeitsfähigkeitscoaching ist als Rahmenkonzept darauf ausgelegt, Prozesse und Strukturen auf betrieblicher, außerbetrieblicher und individueller Ebene so zu gestalten, dass der Eingliederungsprozess von BEM-Berechtigten nachhaltig unterstützt wird. Es zielt auf den Erwerb betrieblicher und individueller Handlungskompetenzen ab, um die Arbeits- und Beschäftigungsfähigkeit einerseits wiederherzustellen aber auch langfristig erhalten und fördern zu können. Das Rahmenkonzept zielt dabei auch auf die Professionalisierung des Betrieblichen Gesundheitsmanagement (BGM) mit den weiteren Handlungsfeldern Arbeitsschutz und Betrieblicher Gesundheitsförderung ab.

Neben theoretischen und rechtlichen Grundlagen des BEM im BGM wird auch die notwendige Zusammenarbeit mit unterschiedlichen internen und externen Verantwortlichen des BEM beschrieben. Es werden empirische Ergebnisse zur Bewertung des Ansatzes vorgestellt. Im Weiteren wird die Notwendigkeit eines solchen Ansatzes im Kontext der differentiellen Arbeitsgestaltung erläutert und die Synergien zum Arbeitsschutz und der Betrieblichen Gesundheitsförderung herausgearbeitet. Die besondere Rolle unterschiedlicher AkteurInnen wie Interessenvertretungen mit ihren Kontroll- und Mitbestimmungsrechten fließen ebenfalls ein.

Kontakt:
Institut für Arbeitsfähigkeit
Tobias Reuter
Fischtorplatz 23
55116 Mainz
tobias.reuter@arbeitsfaehig.com

Stefan Joost
Institut für angewandte Mehrpersonenpsychologie

Gibt es eine Psychosomatik der Erkältung?

1. Problembeschreibung

Bei Covid-19 bleiben viele Patienten subklinisch, andere mit ähnlichen Risikofaktoren erkranken schwer oder versterben sogar. Könnte dieser Unterschied psychosomatisch bedingt sein? Die Interaktion zwischen Psyche und Immunsystem ist Gegenstand der Psychoneuroimmunologie. Psychische Faktoren wie Verzweiflung oder Stress haben Einfluss sowohl auf das Immunsystem als auch auf die Krankheitsbereitschaft. Schon lange ist bekannt, dass ein durch Vorstellungskraft erzeugter Asthmaanfall die gleichen physikalisch messbaren Atemwegswiderstände liefert wie ein durch echte Allergene hervorgerufener. In der Psychosomatik stellt sich oft ein unerwarteter Erfolg ein, wenn der Patient versteht, was der Körper mit der Krankheit ausdrücken will. Wozu dienen also diese psychoimmunologischen Interaktionen? Schalten sich Individuen auf diese Weise selbst ab, oder geht es hier um eine Botschaft des Körpers an die Seele und wenn ja welche? Von der Hirnforschung wissen wir, unser Nervensystem ist nicht, wie noch Descartes glaubte, hierarchisch, sondern distributiv organisiert. Bewusstseinsfähige und nicht bewusstseinsfähige Zentren arbeiten gleichzeitig und unabhängig voneinander an den gleichen Verhaltenserschwernissen. Die Erkältung ist eine Reaktion des Körpers auf Unterkühlung einzelner Körperteile in einer zuvor als physikalisch ausreichend warm eingeschätzten Umgebung. Könnte sie auch eine Reaktion nicht bewusstseinsfähiger Zentren auf eine emotional zu warm, also zu wohlwollend eingeschätzte Umwelt sein? Diese Arbeit will einer Frage nachgehen, die bereits 1929 Sándor Ferenczi aufgeworfen hat.

2. Die Biologie, der ständige Wettbewerb

Das Immunsystem führt einen ständigen Wettbewerb mit den Krankheitserregern. Der Kampf wird über die Produktion von Eiweißen geführt, die als Antiköper oder als Komplementfaktoren die ständig sich vermehrenden Angreifer in Schach halten. Gewonnen wird dieser Kampf in der Regel vom Immunsystem, weil die immun-kompetenten Zellen bei 37° C einen Standortvorteil haben. Ihr Enzymbesatz hat dort sein Temperaturoptimum, was bedeutet, dass die körpereigenen Zellen bei 37° C optimal funktionieren. Nicht so die Bakterien, sie müssen auch außerhalb des Körpers überleben, das Temperaturoptimum ihrer Enzyme liegt bei etwa 20°.

3. Der unkonditionierte Stimulus

Wir alle kennen das Problem, wenn wir morgens das Haus verlassen und die Umgebung als wärmer einschätzen als sie ist, dann stehen wir nicht selten zu schlecht bekleidet an einer zugigen Bushaltestelle. Der Körper reagiert auf die Kälte mit einer Zentralisation des Kreislaufes. Im Kopf und Rumpf werden 37°C gehalten, in den Armen und Beinen sinkt die Temperatur in Richtung Temperaturoptimum der Bakterien, die sich mit einer Generationszeit von 20 Minuten dort verdoppeln. Schon nach 20 Minuten in der zu kalten Umgebung wird der Körper anschließend im warmen Bus überflutet von Erregern, deren Zahl vielleicht schon zu groß ist, um einfach bekämpft zu werden: Wir bekommen einen Schnupfen.

4. Die Analogie

Analogien zu Fehlanpassung auf sich ändernde Umweltreize finden sich auch in sozialen Situationen. Wer seine soziale Umgebung menschlich wärmer und wohlwollender einschätzt als sie tatsächlich ist, der wird auf kurz oder lang sprichwörtlich „verschnupft" reagieren. Ist die tatsächliche Bereitschaft, das Individuum freundlich und wohlwollend zu empfangen, geringer als von ihm vermutet, so entsteht nach einer Weile eine Unlustempfindung, die wir umgangssprachlich und psychologisch als „Kränkung" bezeichnen. Der Fehlangepasste hat irgendwann „die Nase von seiner Umgebung voll". Doch lange bevor er sich dessen gewahr ist, kann er bereits mit Hilfe seiner Spiegelneurone an der Körperhaltung der Menschen die Abneigung und die Ungeduld, die man ihm entgegenbringt, erahnen. Noch bevor es zur Sprache kommt, was der Arglose von der Gruppe zu erwarten hat, kann er in Mimik und Gestik der Anderen lesen. Doch das bewusste Wahrnehmen dieser Gesten ist nur sehr Geübten möglich, dennoch nehmen auch Ungeübte diese Signale implizit wahr, über den durch die Spiegelneurone geschaffenen gemeinsamen Handlungsraum. Diese unterschwellige Wahrnehmung könnte über eine gebremste Immunreaktion als metaphorisches Signal an die bewusstseinsfähigen Anteile des Gehirns geschickt werden: *„Zieh Dich warm an, wenn Du Dich dieser Umgebung aussetzt, sonst wird sie Dich kränken"* und wer nicht hören will, der muss eben fühlen.

5. Der konditionierte Stimulus

In einer Arbeit aus dem Jahre 1929 verglich der Psychoanalytiker Sándor Ferenczi die Neigung einiger Erwachsener zu Erkältungskrankheiten mit dem ursprünglichen Unlustempfinden des Kindes beim Entfernen aus dem warmen mütterlichen Milieu. Nach dem Gesetz des Wiederholungszwanges reagierten insbesondere Menschen, die in eine Familie hineingeboren wurden, die nicht gewillt war, sie freundlich zu empfangen, mit Erkältungsbeschwerden. Beispiele für diese Konstellation liefern

Ferenczi eine Patientin, die als drittes Mädchen einer knabenlosen Familie höchst unwillkommen war oder das Kind eines todkranken und bald darauf verstorbenen Vaters. Aus meiner eigenen Praxis kenne ich mehrere Fälle von Kuckuckskindern, die schon bei ihrer Geburt ihren leiblichen Vätern äußerst ähnlich sahen. Sigmund Freud war sich sicher, unser frühestes Ich ist ein körperliches, doch wie prägend sind Geburtserfahrungen? Aus der Säuglingsforschung wissen wir, schon im letzten Schwangerschaftstrimenon zeichnet das Gehirn Daten auf, die nach der Geburt abrufbar sind. Sind sie auch Teil des impliziten Gedächtnisses?

6. Kann genetische Erinnerung bewusst gemacht werden?

Rein genetisch-evolutionär fixierte Verhaltensweisen benötigen nach Schätzungen unzählige Generationen in Millionen von Jahren, um wirksam zu werden. Mit der Epigenetik und der Chronobiologie hat die Natur einen schnelleren Weg der transgenerationalen Weitergabe von Erfahrungen gefunden, so dass man sich fragen darf, ob Erfahrungen aus früheren Pandemien nicht nur versteckt in nicht abgerufenen Genen, sondern auch in menschlichen Hirnen gespeichert sind? Die durch Covid-19 hervorgerufene Anosmie könnte ein Hinweis des entwicklungsgeschichtlich älteren Riechhirns, das auch beim Menschen für soziale Reflexe wie Kontroll- und Unterwerfungsverhalten verantwortlich ist, an die bewusstseinsfähigen kognitiven Hirnanteile sein. Die Botschaft könnte lauten: „Mache Dich frei von dem Zwang nach der Nase von Anderen zu tanzen, die nur vermeintlich den richtigen Riecher und die Nase vorn haben. Werde blind für den vermeintlich richtigen Stallgeruch!" Keine Nation hat bis zum Wahlmonat November 2020 mehr Covid-19 Tote zu beklagen als die USA, bei der ein Präsident zur Wahl stand, der seinen republikanischen Wählern gegenüber weit weniger menschlich und wohlwollend eingestellt ist, als es für sie den Anschein hatte. Alles nur Zufall, oder Teil einer Psychosomatik der Erkältung?

Literatur

Ader, R. & Cohen, N. (1975). Behaviorally conditioned immunosuppression. Psychosomatic medicine. Band 37, Nummer 4, S. 333–340.

Besedovsky, H., Sorkin, E., Felix, D. & Haas, H. (1977). Hypothalamic changes during the immune response. In: European Journal of Immunology. Band 7, Nr. 5, Mai 1977, ISSN 0014-2980, S. 323–325.

Milram, J. E., Richardson, J. L., Marks, G., Kemper, C. A. & McCutchan, A. J. (2004). The roles of dispositional optimism and pessimism in HIV disease progression. In: Psychol Health 2004; 19, S. 167–181.

Dekker, E., Pelser, H.E. & Groen, J. (1957). Conditioning as a Cause of Asthmatic Attack. J. psychosom. Res 2, 97.

Csef, Herbert (2015). „Anniversary reactions" und der Tod, Psychotherapeut, DOI 10.1007/s00278-015-0011-1

Singer, Wolf (2002). Auf dem Weg nach innen. In: Der Beobachter im Gehirn, Essays zur Hirnforschung. Suhrkamp S. 31.

Ferenczi, Sándor (1929). Das unwillkommene Kind und sein Todestrieb, Bausteine der Psychoanalyse, Ullstein S. 446.

Rizzolatti, G. & Sinigaglia, C. (2008). Empathie und Spiegelneurone. Die biologische Basis des Mitgefühls. Edition Unseld S. 156.

Ferenczi, Sándor (1929). Das unwillkommene Kind und sein Todestrieb, Bausteine der Psychoanalyse, Ullstein S. 446.

DeCasper, Anthony J. & Spence, M. J.: "Prenatal maternal speech influences newborns' perception of speech sounds"; Infant Behavior and Development, Volume 9, Issue 2, April-June 1986, Pages 133–150.

Rutter, Michael; Dunn, Judy; Plomin, Robert; Simonoff, Emily; Pickles, Andrew; Maughan, Barbara; Ormel, Johan; Meyer Joanne & Eaves, Lindon (1997). "Integrating nature and nurture: Implications of person–environment correlations and interactions for developmental psychopathology" Development and Psychopathology, 9: 335–364.

Baumann, Ulrich (1982). „Interkulturell vergleichende Sozialisationsforschung und Darwinistische Evolutionstheorie." In: Vergleichende Erziehungswissenschaft, Informationen Nr. 10, S. 32–46

Senfft, A. (2016). Der lange Schatten der Täter. Nachkommen stellen sich ihrer NS-Familiengeschichte. Piper.

Mitsui, A; Kumazawa, S., Takahashi, A., Ikemoto, H., Cao, S. & Arai, T. (1986). Strategy by which nitrogen-fixing unicellular cyanobacteria grow photoautotrophically. Nature, 323: 720–722.

Ranft, D. (2020). Anosmie – Steckt COVID-19 hinter dem Verlust des Geruchsinns? – Medical Tribune.

Markowitsch, Hans J. & Welzer, Harald: Das autobiographische Gedächtnis. Hirnorganische Grundlagen und biosoziale Entwicklung; Klett Cotta, 2. Auflage 2006, S. 7.

Bilinski, A. & Emanuel, E.J. (2020). COVID-19 and Excess All-Cause Mortality in the US and 18 Comparison Countries. JAMA. Published online October 12, 2020. doi:10.1001/jama.2020.20717.

https://www.blick.ch/ausland/corona-skeptiker-bis-zum-tod-das-kann-nicht-sein-es-ist-nicht-real-id16199100.html

Arbeitskreis 04
Polizei: Gewaltprävention in polizeilichen Einsatzsituationen
Leitung: Stefan Remke

Clemens Lorei
Kommunikation statt Gewalt – Ergebnisse zweier Studien zur Praxis polizeilicher Deeskalation

Clemens Lorei
Struktur und Entwicklung sozialer Unterstützung von Polizisten

Wim Nettelnstroth, André Martens & Henriette Binder
Die charakterliche Eignung von Berufseinsteigenden in der Polizei

Clemens Lorei
Hessische Hochschule für Polizei und Verwaltung

Kommunikation statt Gewalt – Ergebnisse zweier Studien zur Praxis polizeilicher Deeskalation

1. Einleitung

Kommunikation stellt ein Standardeinsatzmittel der Polizei dar. Kommunikation und insbesondere Deeskalation werden als besonders wichtige und erstrebenswerte Lösungswege für polizeiliche Situationen und Interaktionsprobleme angesehen. Aber nicht nur dort, sondern auch in der allgemeinen Verwaltung, der Pflege, der Sicherheitswirtschaft und bei Einsatzkräften des Rettungsdienstes spielt deeskalierende Kommunikation eine große Rolle. Die hier präsentierten Studien sollten in Erfahrung bringen, welche kommunikativen Maßnahmen im Polizeialltag – also nicht in Groß- oder Sonderlagen – effektiv eingesetzt werden konnten und können, um ein polizeiliches Einsatzziel zu erreichen, ohne auf Gewalt zurückgreifen zu müssen.

2. Theoretischer Hintergrund

Polizeiliches Handeln ist regelmäßig mit Konflikten und auch Gewalt verbunden (Ohlemacher, Rüger, Schacht & Feldkötter, 2003; Ellrich, 2012; Lorei 2016). Gleichzeitig ist es selbstverständlich, dass eine moderne und professionelle Polizei bestrebt ist, den Einsatz von Gewalt zu verhindern, zu deeskalieren und auf das Erforderliche zu beschränken. Deshalb wird allgemein sowie in Leitfäden und Polizeidienstvorschriften der Polizei immer wieder Kommunikation als das primäre Einsatzmittel auch in solchen Konflikten gefordert. Dies wird entsprechend so auch in der täglichen Polizeiarbeit praktiziert. Ausdruck der hohen Bedeutung der Kommunikation in vielen Einsatzgebieten der Polizei sind umfangreiche Angebote in Aus- und Fortbildung und eine Anzahl von Lehrwerken speziell für polizeiliche Kommunikation allgemein (z.B. Hallenberger & Lorei, 2014; Hücker, 2017). Darüber hinaus liegen einige wissenschaftliche Analysen zu kommunikativen Aspekten (z.B. Hermanutz, 2013; Hermanutz & Spöcker, 2012), Aufgaben (z.B. Schröer, 2000; Dubbert, 2005; Lorenz, 2011; Hermanutz & Spöcker, 2007) und der Praxis (z.B. Hallenberger & Schruff, 2017) einschließlich verschiedener Hinweise zu kommunikativer Deeskalation (z.B. Pfeiffer, 2014; Schmidt, 2007; Remke, 2011) vor. Letztendlich existieren neben verschiedenen theoretischen Überlegungen zur gewaltvermeidenden Kommunikation auch experimentelle Studien mit simulierten polizeilichen Kommunikationssituationen (z.B. Hermanutz, 2013) hierzu. Felduntersuchungen zur Deskription polizeilicher Kommunikationspraktiken explizit zur Vermeidung von Gewalt sind jedoch selten. Um zu erfahren, wie Polizeibeamte real in der alltäglichen Polizeiarbeit versuchen mit Kommunikation Konflikte zu lösen und Gewalt zu vermeiden, wurde die vorliegende Untersuchung durchgeführt.

3. Methode

Mittels zweier Preisausschreiben wurden 2016 in Hessen und 2019 in Österreich Einsatzberichte von Polizeibeamten gesammelt. Einzureichen waren selbst erlebte Einsätze, in denen mittels deeskalierender Kommunikation Situationen bewältigt wurden, ohne dass es zum Einsatz von Gewalt kam. Die Einsendungen wurden anschließend jeweils von einer Jury bewertet und prämiert. Daneben wurden sie hinsichtlich der eingesetzten Stategien und Techniken analysiert.

4. Ergebnisse

Die Analyse der kommunikativen Deeskalationstechniken und -strategien zeigte verschiedene Kommunikationstechniken und Verhaltensweisen, die Situationen im Polizeieinsatz sowie sicherlich in verschiedenen anderen Arbeitsgebieten zu deeskalieren vermögen. Diese waren unabhängig von der Polizeination, bzw. bestätigten die Ergebnisse der Analyse der österreichischen Stichprobe die Erkenntnisse aus Deutschland.

Als Ergebnis zeigte sich, dass vor allem die nachfolgenden Verhaltensweisen häufig eingesetzt werden und deeskalierend wirken:

- das Ausstrahlen von Ruhe und Entspanntheit
- der kommunikative Beziehungsaufbau zum Gegenüber in jeglicher Form
- das Zeigen von Verständnis für das polizeiliche Gegenüber bzw. seine Situation, Empathie
- ein Angebot, dass das polizeiliche Gegenüber sich und seine Situation erklären kann
- das Planen von Handlungen und Zielen
- ein Erklären von Maßnahmen
- der Austausch von Interaktionspartnern bei festgefahrener Situation
- eine positive Einstellung zu kommunikativen Lösungen
- die Übernahme der Perspektive des polizeilichen Gegenübers
- das Schaffen von Akzeptanz für Lösungen durch Fragen nach Vorschlägen des polizeilichen Gegenübers bzw. Auswahl aus Alternativen
- das Zeigen von Respekt und Höflichkeit
- Zuhören
- Geduld haben

- Sachlichkeit
- Stressmanagement
- Bewusster Einsatz von nonverbaler Kommunikation
- Humor
- Interesse haben und zeigen

Diese Maßnahmen und Haltungen können als entscheidende Techniken zur Beruhigung einer Lage angesehen werden. Dabei wird die Eigensicherung aber nicht vernachlässigt.

5. Fazit

Die in der Psychologie allgemein sowie speziell in der Polizeipsychologie bekannten Ansätze zur Vermeidung von Gewalt und Deeskalation finden sich auch in der Polizeipraxis wieder und erwiesen sich – zumindest in einigen Fällen – auch als effektiv. Es kann geschlussfolgert werden, diese auch weiterhin zu lehren und als erfolgreich anzusehen, auch wenn eine umfassende Evaluation ihrer Effektivität noch aussteht.

Literatur

Brunsch, D. M. S. (2013). Taktische Kommunikation und die Verwirklichung der neuen gemäßigten Linie europäischen Massenmanagements 1/2013, S. 12–27.

Dubbert, G. (2005). Professionelle Kommunikation in besonderen Situationen. Kriminalistik, 2, S. 96–102.

Ellrich, K. (2012). Polizeibeamte als Opfer von Gewalt. In C. Lorei & J. Sohnemann (Hrsg.): Grundwissen Eigensicherung (S. 5–33). Frankfurt am Main: Verlag für Polizeiwissenschaft.

Hallenberger, F. & Lorei, C. (Hrsg.) (2014). Grundwissen Kommunikation. Frankfurt am Main: Verlag für Polizeiwissenschaft.

Hallenberger, F. & Schruff, L. (2017). Polizeiliche Kommunikation bei Einsätzen anlässlich häuslicher Gewalt. Polizei & Wissenschaft, 2/2017, S. 45–60.

Hermanutz, M. (2013) Polizeiliches Auftreten – Respekt und Gewalt. Eine empirische Untersuchung zum Einfluss verbaler Kommunikation und äußerem Erscheinungsbild von Polizeibeamten auf die Gewaltbereitschaft von Jugendlichen und jungen Erwachsenen. Frankfurt: Verlag für Polizeiwissenschaft.

Hermanutz, M. & Spöcker, W. (2007). Erfolgreiche Kommunikationsstrategien gegenüber Bürgern bei polizeilichen Standardmaßnahmen. Polizei & Wissenschaft 4/2007, S. 35–50.

Hermanutz, M. & Spöcker, W. (2012). Kommunikation mit den Bürgern bei polizeilichen Routinetätigkeiten. In H. P. Schmalzl & M. Hermanutz (Hrsg.). Moderne Polizeipsychologie in Schlüsselbegriffen (3. Aufl.) (S. 174–155). Stuttgart: Boorberg.

Hücker, F. (2017). Rhetorische Deeskalation. Deeskalatives Einsatzmanagement Stress- und Konfliktmanagement im Polizeieinsatz (4. Auflage). Stuttgart: Boorberg.

Lorei, C. (2016). Umgang mit Gewalt als Thema der Polizeiausbildung. In B. Frevel & H. Groß (Hrsg.):Empirische Polizeiforschung XIX: Bologna und die Folgen für die Polizeiausbildung. Frankfurt am Main: Verlag für Polizeiwissenschaft.

Lorenz, J. L. (2011) Notlagenkommunikation im Polizeieinsatz. Evaluation eines Kurztrainings. Frankfurt: Verlag für Polizeiwissenschaft.

Ohlemacher, T., Rüger, A., Schacht, G., & Feldkötter, U. (2003). Gewalt gegen Polizeibeamtinnen und -beamte 1985–2000. Baden-Baden: Nomos.

Pfeiffer, P. (2014). Kommunikative Deeskalation. C. Lorei & F. Hallenberger (Hrsg.): Grundwissen Kommunikation (S. 189–210). Frankfurt: Verlag für Polizeiwissenschaft.

Remke, S. (2011). Ausgewählte Ansatzpunkte zur polizeilichen Deeskalation bei Demonstrationen. Professionelles Handeln von Einsatzeinheiten. Deutsches Polizeiblatt für die Aus- und Fortbildung, 5, S. 15–17.

Schmidt, M. (2007). Psychologische Bedingungen zur kommunikativen Deeskalation bei Konflikten und Gewalt. In C. Lorei (Hrsg.): Polizei & Psychologie. Kongressband der Tagung „Polizei & Psychologie" am 3. und 4. April 2006 in Frankfurt am Main (S. 633–660). Frankfurt: Verlag für Polizeiwissenschaft.

Clemens Lorei
Hessische Hochschule für Polizei und Verwaltung

Struktur und Entwicklung sozialer Unterstützung von Polizisten

1. Einleitung

Der Mensch ist ein soziales Wesen. Nicht nur, dass er gerne in Gesellschaft ist, in Beziehungen Glück findet und in Gemeinschaften Ziele erreicht, die er alleine nicht zu erreichen vermag, so steht sogar seine physische wie psychische Gesundheit in enger Verbindung mit anderen. Wird die alltägliche Belastung hoch oder widerfährt einem sogar Traumatisches, so gewinnen andere Menschen durch ihre soziale Unterstützung immer mehr an Bedeutung.

2. Theoretischer Hintergrund

Soziale Unterstützung als Hilfsinteraktion zwischen Unterstützungsgeber und Unterstützungsempfänger kann auf verschiedene Arten stattfinden (Cutrona & Russell, 1990):

- Emotional z. B. in Form von Mitleid, Trost, Zuneigung, Wärme
- Evaluativ z. B. Bestätigung, sozialer Vergleich, Selbstwertgefühl
- Instrumentell z. B. Hilfe bei Erledigungen, Besorgung von Gütern, Bereitstellung finanzieller Ressourcen, Übernahme von Aufgaben
- Informationell: z. B. Übermittlung von Informationen, Ratschläge
- Sozial: z. B. Zusammengehörigkeit, Gemeinschaft, Geborgenheit.

Soziale Unterstützung hängt vielfach mit Gesundheit zusammen. Gariepy, Honkaniemi und Quesnel-Vallee (2016) fanden in ihrer Metaanalyse über 100 Studien zum Zusammenhang zwischen Sozialer Unterstützung und Depression einen konsistenten positiven Einfluss heraus. Halbesleben (2006) bestätigte metaanalytisch den Einfluss von sozialer Unterstützung auf Burnout. Brewin, Andrews und Valentine (2000) fanden in ihrer Metaanalyse zu Risikofaktoren einer Posttraumatische Belastungsstörung, dass das Fehlen sozialer Unterstützung einer der ausgeprägtesten Prädiktoren für das Erkranken darstellt.

Eine Berufssparte, die als mit arbeitsbezogenem Stress sehr belastet gilt, ist der Polizeiberuf (Lorei, Hallenberger, Fischbach & Lichtenthaler, 2014). Aus diesem Grunde kann soziale Unterstützung für Polizeibeamte eine hohe Bedeutung erlangen. Entsprechend findet sich auch international umfangreiche Forschung zur Wirkung sozialer Unterstützung im Polizeibereich (Ellrich & Baier, 2017; Evans, Pistrang, &

Billings, 2013; Kirkcaldy & Furnham, 1995; Leppma, Mnatsakanova & Sarkisian, 2017; Patterson, 2016;). Eindeutig ist dabei die Wirkung und Bedeutung sozialer Unterstützung für Polizeibeamte gezeigt. Offen ist jedoch, ob die soziale Unterstützung bei Polizisten quantitativ und qualitativ der anderer Bevölkerungsgruppen entspricht.

3. Ziele der Untersuchungen und Hypothesen

Die positiven Effekte sozialer Unterstützung sind allgemein sowie für Polizeibeamte im Besonderen eindeutig belegt. Unklar jedoch ist, ob soziale Unterstützung bei Polizeibeamten strukturell von anderen Personengruppen abweicht. So untersuchte Patterson (2016) in einem Längsschnitt das Copingverhalten von Polizeirekruten und fand, dass der Einsatz von emotionsorientierten und problemfokussierten Copingstrategien abnahm sowie das Aufsuchen von sozialer Unterstützung seltener wurde. Er führt dies u.a. auf Sozialisationseffekte zurück. So könnte mit fortschreitender Ausbildung das Reden über eigene Gefühle inadäquater empfunden werden und somit soziale Unterstützung weniger oft angenommen werden. Damit könnte sich sowohl Nutzungshäufigkeit als auch die Struktur sozialer Unterstützung im Laufe des Polizeilebens ändern. Dies vielleicht auch, weil Polizeibeamte zu Nicht-Polizisten womöglich eine andere Beziehung entwickeln. Dafür spricht die Zusammenfassung der Forschung zur sozialen Isolation von Polizei durch Swanton (1981). Entsprechend will die hier dokumentierte Studie feststellen, ob sich soziale Unterstützung von Polizeibeamten hinsichtlich Qualität und Quantität von Personen außerhalb dieses Berufes unterscheidet und wie sich dies im Lauf der Sozialisation in den Beruf und danach entwickelt. Dazu sollen mögliche Moderatorenvariablen erfasst werden.

4. Methode

Der Papier-Fragebogen erfasste neben demografischen Angaben das aktuelle Stresslevel, enthielt den Fragebogen zur sozialen Unterstützung (Fydrich, Sommer und Brähler, 2007), die Skala sozialer Unterstützung am Arbeitsplatz durch Kollegen und Vorgesetzte (Frese, 1989), eine Batterie zur Einstellung zum Zeigen von Emotionen (Stephens & Long, 1999), die Erfassung der Kohäsion mit Kollegen, Organisation und Gesellschaft und eine Skala zum Subjektiven Weltbild (Van Bruggen, Klooster, van der Aa, Smith, Westerhof & Glas, 2018).

Für den Vergleich der sozialer Unterstützung von Polizeibeamten mit Nicht-Polizisten konnten einerseits 310 Polizeistudierende (100 weiblich, 209 männlich, 1 unbestimmt; 90,3 % bis 25 Jahre, 9,7 % zwischen 26 und 35 Jahre alt) im ersten Semester gewonnen werden. Die Entwicklung der Struktur sozialer Unterstützung bei Polizeibeamten wird zukünftig querschnittlich als auch längsschnittlich geprüft, aber an anderer Stelle berichtet. Ebenso findet sich der Vergleich mit anderen Berufsgruppen an anderer Stelle.

5. Ergebnisse

Von den Befragten gaben 45,3 % an, ledig bzw. ohne festen Partner zu sein. 17,5 % haben ihre aktuelle Beziehung erst seit weniger als einem Jahr, 23,3 % mehr als ein Jahr, jedoch nicht länger als 3 Jahre. 81 % leben schon 3 bis 5 Jahre, 5,8 % sogar mehr als 5 Jahre in ihrer aktuellen Beziehung. Diese Partnerschaft wird auch genannt auf die Fragen, von wem man jederzeit praktische Hilfe bekommen kann (31,9 %), wer einem bei größeren Schwierigkeiten hilft (35,2 %), wer einen tröstet (37,4 %) und wem man ganz vertraut (35,8 %). Wichtiger für diese positive Art der sozialen Unterstützung scheint in diesem Entwicklungsstadium aber die Familie zu sein. Von dieser Hilfe zu bekommen, geben 83,2 % bzw. 80,0 % an. Trost finden 66,8 % bei ihrer Familie und 71,6 % vertrauen ihr voll und ganz. Ähnlich bedeutsam sind Freunde. Hier glauben 74,5 % bzw. 66,1 % Hilfe und 63,2 % Trost zu finden. 71 % vertrauen ihren Freunden völlig. Kollegen werden hier selten (unter 6 %), Vorgesetzte gar nicht angegeben. Ebenso selten oder gar nicht finden sich hier Bekannte oder Funktionsträger wie Ärzte, Therapeuten, Trainer, Pfarrer, Lehrer usw. Mitunter findet sich auch keine Angabe (wobei hier unklar bleibt, ob hier nicht geantwortet wurde oder ob hier keine Person angegeben werden konnte).

Eher negativ wirken Partner bei relativ wenigen Studierenden (6,8 % „mischt sich ständig ein", 5,8 % „löst häufig unangenehme Gefühle aus" und 1,3 % „fühlt sich ausgenutzt"). Hier ist es die Familie, die mehr oder minder auch zu Belastungen führt (39 % „mischt sich ständig ein", 12,9 % „löst häufig unangenehme Gefühle aus" und 5,8 % „fühlt sich ausgenutzt"). Freunde werden ähnlich bzw. etwas weniger negativ gesehen (6,5 %; 10,0 %; 10,6 %). Kollegen, Vorgesetze, Bekannte und Funktionsträger fallen hier kaum oder selten auf.

6. Fazit

Auch wenn hier nur ein kleiner Ausschnitt aus der Erhebung dargestellt werden konnte, zeigt dieser doch relativ homogen, dass vor allem die Familie mit Mutter, Vater und Geschwistern bei allgemeinen Belastungen als soziale Unterstützung angehender Polizeibeamter angegeben wird. Partner, die wahrscheinlich in einer späteren Lebensphase eine größere Rolle spielen werden, sind nur bei etwas mehr als der Hälfte vorhanden und sind für die soziale Unterstützung zwar von umfassender Bedeutung, jedoch deutlich weniger als die Familie und Freunde. Es bleibt abzuwarten, wie sich dies längsschnittlich entwickelt und mit welchen Moderatoren dies korreliert.

Literatur

Brewin, C. R., Andrews, B. & Valentine, J.D. (2000). Meta-analysis of risk factors for posttraumatic stress disorder in trauma-exposed adults. Journal of Consulting and Clinical Psychology, 68 (5), S. 748–766.

Cutrona, C. E. & Russell, D. W. (1990). Type of social support and specific stress: Toward a theory of optimal matching. In B. R. Sarason, I. G. Sarason, & G. R. Pierce (Hrsg.): Social support: An interactional view (S. 319–366). New York: John Wiley & sons.

Ellrich, K. & Baier, D. (2017). Post-Traumatic Stress Symptoms in Police officers Following Violent Assaults. Journal of interpersonal violence, 32, S. 331–356.

Evans, R., Pistrang, N. & Billings, J. (2013). Police officers' experiences of supportive and unsupportive social interactions following traumatic incidents. European Journal of Psychotraumatology, 4, S. 1–9.

Frese, M. (1989). Gütekriterien der Operationalisierung von sozialer Unterstützung am Arbeitsplatz. Zeitschrift für Arbeitswissenschaft, 43 (2), S. 112–121.

Fydrich, T., Sommer, G. & Brähler, E. (2007). F-SozU Fragebogen zur Sozialen Unterstützung. Göttingen: Horgefe.

Graiepy, G., Honkaniemi, H. & Quesnel-Vallee (2016). Social support and protection from depression: systematic review of current findings in Western countries. The British Journal of Psychiatry, 2009, S. 284–293.

Halbesleben, J. R. (2006). Sources of social support and burnout: a mety-analytic test oft he conservation of resources model. Journal of applied psychoplogy, 91 (5), S. 1134–1145.

Kirkcaldy, B. D. & Furnham, A. F. (1995). Coping, seeking social support and stress among German police officers. European Review of Applied Psychology, 45 (2), S. 121–125.

Leppma, M., Mnatsakanova, A. & Sarkisian, K. (2017). Sressful life events and posttraumatic growth among police officers: A cross-sectional study. Stress and Health, 13, S. 1–12.

Lorei, C., Hallenberger, F., Fischbach, A. & Lichtenthaler, P. W. (2014). Polizei & Stress. In F. Hallenberger & C. Lorei (Hrsg,): Grundwissen Stress (S. 211–282). Frankfurt: Verlag für Polizeiwissenschaft.

Patterson, G. T. (2016). A brief exploratory report of coping strategies among police recruits during academy training. Psychological Reports, 119 (2), S. 557–567.

Stephens, C. & Long, N. (1999). Posttraumatic stress disorder in the New Zealand police: The moderating role of social support following traumatic stress. Anxiety, Stress & Coping, 12, S. 247–264.

Swanton, B. (1981). Social Isolation of Police – Structural Determinants and Remedies, Police studies, 3 (4), S. 14-21.

Van Bruggen, V., ten Klooster, P. M., van der Aa, N., Smith, A. J. M., Westerhof, G. J. & Glas, G. (2018). Structural Validity of the World Assumption Scale. Journal of Traumatic Stress, 31, S. 816–825.

Wim Nettelnstroth[1], André Martens[2] & Henriette Binder[1]
[1]Hochschule für Wirtschaft und Recht Berlin,
[2]Akademie der Polizei Hamburg

Die charakterliche Eignung von Berufseinsteigenden in der Polizei

1. Einleitung

Die öffentliche Debatte um die innere Sicherheit führt zur Schaffung neuer Stellen und Aufgaben sowohl im Bereich der öffentlichen als auch der privaten Sicherheit. Im Fokus der Diskussion sind auch die Anforderungen, die an die sicherheitsbezogenen Berufe und insbesondere an die Personen, die diese ausüben wollen und sollen, zu stellen sind. In diesem Zusammenhang hat die Personalrekrutierung für die Polizei im Zuge des demografischen Wandels an Bedeutung gewonnen.

Die derzeitige politische Diskussion um die charakterliche Eignung für den Polizeidienst wird auch von den aktuellen gesellschaftlichen Ereignissen geprägt. In diesem Zusammenhang wird die Früherkennung von (rechts-)radikalen Tendenzen bei der polizeilichen Personalauswahl gefordert und gefragt, ob das mit Hilfe von entsprechenden Verfahren der Personalauswahl zu bewerkstelligen ist.

Die Diskussionsergebnisse beim „Creative Bureaucracy Festival" am 20. und 21. September 2019 an der Berliner Humboldt-Universität (Nettelnstroth, 2019) verweisen auf die Bedeutung von Artikel 33 Abs. 2 GG und § 9 BeamtStG, wonach u.a. eine Prüfung der Eignung beim Zugang zu einem öffentlichen Amt vorzunehmen ist. Dazu gehört auch die charakterliche Eignung, um in den Vorbereitungsdienst des gehobenen Polizeivollzugsdienstes aufgenommen zu werden, die sich durch Loyalität, Aufrichtigkeit, Zuverlässigkeit, Fähigkeit zur Zusammenarbeit und Dienstauffassung ausdrückt (Zaugg, 2019).

Um die charakterliche Eignung identifizieren zu können, rücken personalpsychologische Dimensionen und Instrumente in den Mittelpunkt des Interesses, die bereits bei der Personalauswahl deren Einschätzung erlauben. Zu diesen Merkmalen bzw. Verfahren zählen insbesondere die Integrität (-stests) bzw. die Glaubwürdigkeit, die Dimensionen Verträglichkeit, Gewissenhaftigkeit und Offenheit aus dem Fünf-Faktoren-Modell der Persönlichkeit und Sensation Seeking als Ausdruck des Risikobewusstseins. Es ist festzuhalten, dass nicht stets die Ausprägung einer einzelnen Dimension, sondern das Profil aus mehreren Merkmalen eine Prognose der (mangelnden) charakterlichen Eignung erlaubt (vgl. Damm, 2017).

Somit betrifft die Passung einer Person mit Variablen ihres beruflichen Umfelds (Person-Environment Fit, Kauffeld & Grohmann, 2011) auch Fragen der Persönlichkeit und damit der Integrität bzw. der Glaubwürdigkeit, wobei Auswirkungen auf die Arbeitszufriedenheit und auf Gesundheitsvariablen diskutiert werden können.

2. Die Studie zum polizeilichen Anforderungsprofil

Der vorliegenden Untersuchung liegen die Fragestellungen zu Grunde,
1. welche Bedeutung die charakterliche Eignung im Rahmen der polizeilichen Personalauswahl hat,
2. welche Ausprägung die Dimension Glaubwürdigkeit aufweist, die eine Nähe zur charakterlichen Eignung hat und
3. welche konvergenten, diskriminanten und prädiktiven Validitäten der Glaubwürdigkeit sich in einer repräsentativen polizeilichen Stichprobe ermitteln lassen.

Im Rahmen der hier vorliegenden Forschungsstudie wurden in der quantitativen Teilstudie 764 Personen befragt, um statistische Aussagen über das polizeiliche Einstiegsamt berechnen zu können. Dabei wird konsequent auf die personenbezogen-empirische Methode zurückgegriffen, um einen statistischen Zusammenhang zwischen Eigenschaften von StelleninhaberInnen und beruflichen Erfolgsmaßen (Leistung, Arbeitszufriedenheit) zu ermitteln. Es wurden 300 (39,3 %) Anwärterinnen und Anwärter des mittleren Dienstes (LA I), 233 (30,5 %) Studierende zum gehobenen Dienst (LA II) und 231 (30,2 %) Vollzugsbeamtinnen und -beamte der ersten fünf Jahre ihres Dienstes im Einstiegsamt einbezogen. Das Alter der befragten Personen liegt bei einem Mittelwert von 25 Jahren (Range: 18 bis 42 Jahre). An der Studie haben 81 % SchutzpolizistInnen (inklusive Wasserschutzpolizei) und 19 % KriminalpolizistInnen teilgenommen und der Anteil von männlich zu weiblich beträgt 60 % zu 40 %.

Im qualitativen Teil der Studie wurden 25 Interviews mit der Critical Incident Technique (Flanagan, 1954) geführt und dabei Schlüsselereignisse für erfolgreiches bzw. nicht erfolgreiches Verhalten im Einstiegsamt erfragt. Im Sinne einer 360°-Betrachtung sind fünf Zielgruppen mit jeweils fünf Interviewten befragt worden.

Neben Verfahren zur Messung kognitiver Fähigkeiten sowie sozialer Kompetenz wurden Persönlichkeitsvariablen erhoben, die Leistung und Zufriedenheit prognostizieren können. Darunter befindet sich neben den Fünf-Faktoren-Modell (BIP, Hossiep & Paschen, 2003; BFI-2, Danner et al., 2016;) ein Verfahren zur Messung der Glaubwürdigkeit (IGIP, Kanning, 2011), zu dem konvergente, diskriminante und prädiktive Validitäten berichtet werden. Beim IGIP sind 15 Aussagen zur eigenen Person zu bewerten, wobei mit zunehmender Summe der Ja-Antworten die Glaubwürdigkeit sinkt. Demzufolge korrespondiert ein niedriger Wert mit einer hohen Glaubwürdigkeit.

Bedeutung der charakterlichen Eignung
Um das Anforderungsprofil für das Einstiegsamt in der Polizei zu entwickeln, werden die Ergebnisse der quantitativen Teilstudie mit denen der qualitativen verbunden. Dies geschieht in einem Workshop zwischen VertreterInnen der polizeilichen Praxis und den für die Studie verantwortlichen WissenschaftlerInnen (PsychologInnen). Neben den qualitativen und quantitativen Ergebnissen der Studie, die zu einem stimmigen Bild zusammengeführt werden sollen, bilden sechs Kompetenzmodelle aus der Theorie eine gedankliche Grundlage für die Entwicklung des Anforderungsprofils im Einstiegsamt.

Im Ergebnis kristallisieren sich fünf Profildimensionen heraus (Reflektierte Einstellung, Einsatzwille und Interesse, Soziale Kompetenz – Kooperation, Psychische Stabilität, Kognitive Fähigkeit), von denen die Reflektierte Einstellung in der Rangfolge an der Spitze steht. Die Operationalisierung der Dimension lehnt sich unmittelbar an die qualitativen Aussagen aus den Interviews an und weist in Teilaspekten eine Nähe zur charakterlichen Eignung auf. Sie kann im Rahmen der Personalauswahl durch valide Verfahren gemessen werden (s. Tab. 1), die in der quantitativen Teilstudie ermittelt wurden.

Tabelle 1: Operationalisierung und Messung der Reflektierten Einstellung

Dimension	Verhalten (Die Person ...)	Verfahren
Reflektierte Einstellung	• Ist in der Lage Kritik umzusetzen und daraus zu **lernen**. • Zeigt ein angemessenes Verhalten, das auf einer **reflektierten Einstellung** und Verantwortungsbewusstsein beruht. • Identifiziert sich mit der Polizei.	• Engagement – Sinnhaftigkeit • Interview – Gruppendiskussion – Rollenspiel • Unglaubwürdigkeit, Integrität • Verträglichkeit, Offenheit, Gewissenhaftigkeit

Ausprägungen Glaubwürdigkeit in der polizeilichen Stichprobe
Insgesamt weist der IGIP einen Mittelwert von 2,8 (N = 762; min: 0, max: 15) auf. Dabei unterscheidet sich die Ausbildung zum mittleren Dienst (LA I: 3,3 (N = 298) signifikant vom Studium zum gehobenen Dienst (LA II: 2,3 (N = 233) bzw. zum Vollzug (2,5; N = 231). Da laut Kanning (2011) unglaubwürdige Angaben erst bei einem Wert von 4 beginnen, befindet sich keine Teilstichprobe durchschnittlich (!) in einem bedenklichen Bereich. Mit einem Maximum von 100% unglaubwürdigen Angaben (max = 15) und einer entsprechenden Verteilung ist trotzdem zu konstatieren, dass zahlreiche Probanden eine sehr hohe Unglaubwürdigkeit aufweisen. Außerdem zeigt ein Blick auf die Normstichproben, dass man sich bei einem Wert von 3 schon auf einem hohen Prozentrang von 79% befindet.

Beim Vergleich von Kriminal- (1,8; N = 146) und Schutzpolizei (3,0; N = 616) zeigen sich signifikante Unterschiede mit einer größeren Glaubwürdigkeit seitens der Kripo.

Konvergente, diskriminante und prädiktive Validitäten der Glaubwürdigkeit

Tabelle 2: Validitäten der Unglaubwürdigkeit (IGIP, Kanning, 2011)

Unglaubwürdigkeit konvergent	Unglaubwürdigkeit diskriminant	Unglaubwürdigkeit prädiktiv
Irritation: -.26*** (322)	Big5 Offenheit: BFI: -/ BIP: -	OCA: .16* (201)
Sensitivität (BIP): .22*** (323)	Big5: Extraversion: -	BCA: .16* (201)
Autonomie (FÜMO): -25*** (188)	Leistungsmotivation (BIP): -	StudZ/AusbZ: .13* (245)
Big5: Verträglichkeit BFI: .28** (154)/BIP: .34*** (323)	Führungsmotivation (BIP, FÜMO): -	Gesamtnote: .16*** (658)
Big5: Gewissenhaftigkeit BFI: .30*** (154)/BIP: .13* (323)		Praxisbeurteilung (Selbsteinschätzung, Führungskraft): -
Big5: Negative Emotionalität BFI: -.30*** (154)/BIP: -22*** (323)		

* p < .05; ** p < .01; *** p < .001; BIP: Bochumer Inventar zur berufsbezogenen Persönlichkeitsbeschreibung; BFI: Die deutsche Version des Big Five Inventory 2 (BFI-2); FÜMO: Hamburger Führungsmotivationsinventar; OCA: Organisationales Commitment (affektiv); BCA: Berufsbezogenes Commitment (affektiv); StudZ: Studienzufriedenheit; AusbZ: Ausbildungszufriedenheit

3. Diskussion der Ergebnisse und Fazit

Die Bedeutung der charakterlichen Eignung im Rahmen der polizeilichen Personalauswahl wird überdeutlich bestätigt. Nicht nur die Diskussionen im politischen Raum (Creative Bureaucracy Festival, 2019), sondern auch die qualitativen Daten zeigen auf die Wichtigkeit des Themas für die und innerhalb der Polizei.

Die mit dem IGIP gemessene Glaubwürdigkeit in der Polizei mit einer Nähe zur charakterlichen Eignung bzw. zur Integrität zeigt im Durchschnitt keine bedenklichen Werte. Nichtsdestotrotz zeigen Einzelergebnisse und auch die Studie von Damm (2017) kritische Ausprägungen der Integrität, die dazu aufrufen, das Thema der charakterlichen Eignung intensiver zu beforschen. Dabei gilt, dass mit den entsprechenden Verfahren die Wahrscheinlichkeit erhöht wird, dass weniger Ungeeignete in die Polizei eintreten. Eine hundertprozentige Sicherheit zur Früherkennung von radikalen Tendenzen kann kein Verfahren bieten.

Die Ergebnisse zu konvergenten und diskriminanten Validitäten der Glaubwürdigkeit bestätigen die Studien von Kanning (2011, S. 32) und damit das Konstrukt. Die eher schwachen Korrelationen zu Zufriedenheit und Commitment bei der prädiktiven Validität passen zu Annahmen über soziale Erwünschtheit im Kontext der Personalauswahl. Weitere Implikationen auf Gesundheitsaspekte scheinen damit nicht sinnvoll.

Literatur
Damm, P. (2017). *Persönlichkeitsstrukturen von Polizeibeamten/-innen und Delinquenten im Vergleich.* Unveröffentlichte Bachelor-Thesis, Hochschule für Wirtschaft und Recht Berlin.
Danner, D., Rammstedt, B., Bluemke, M., Treiber, L., Berres, S., Soto, C. & John, O. (2016). *Die deutsche Version des Big Five Inventory 2 (BFI-2).* Zusammenstellung sozialwissenschaftlicher Items und Skalen. doi:10.6102/zis247.
Felfe, J., Elprana, G., Gatzka, M. & Stiehl, S. (2012). *FÜMO. Hamburger Führungsmotivationsinventar.* Göttingen: Hogrefe.
Flanagan, J. C. (1954). The critical incident technique. *Psychological Bulletin,* 51, 327–358.
Hossiep, R. & Paschen, M. (2003). *Bochumer Inventar zur berufsbezogenen Persönlichkeitsbeschreibung (BIP)* (2. Aufl.). Göttingen: Hogrefe.
Kanning, U. P. (2011). *IGIP. Inventar zur Messung der Glaubwürdigkeit in der Personalauswahl.* Göttingen: Hogrefe.
Kauffeld, S. & Grohmann, A. (2011). Personalauswahl. In S. Kauffeld (Hrsg.), *Arbeits-, Organisations- und Personalpsychologie* (S. 93-111). Heidelberg: Springer Medizin Verlag.
Nettelnstroth, W. (2019). *Creative Bureaucracy Festival.* Newsletter Fachbereich Polizei und Sicherheitsmanagement, XV, SoSe 2019, 13–14.
Zaugg, M. (2019). *Die Rolle der charakterlichen Eignung bei der Personalauswahl für den gehobenen Polizeivollzugsdienst in der Berliner Polizei.* Unveröffentlichte Bachelor-Thesis, Hochschule für Wirtschaft und Recht Berlin.

Arbeitskreis 05 – Ergänzung
Führung und Organisation: Überblick

Leitung: Stephan Hinrichs

Imke Weiser, Julia Spieß & Andreas Zimber
Förderung einer Kultur der Prävention: Die Rolle der Unternehmensleitung

Beiträge im Workshopband 2020

Ida Ott & Sebastian Beitz
„Yes, WE can!" – Führung nach dem Ansatz der sozialen Identität und die Gesundheit von Mitarbeitenden: Der mediierende Effekt der Befriedigung psychologischer Grundbedürfnisse
(Seite 133)

Corinna Steidelmüller, Corinna Weber, Barbara Steinmann, Birgit Thomson, Anja Wittmers & Tim Schröder
Führung und Organisation im Wandel (FOWa) – Führungskräfte im Fokus
(Seite 137)

Imke Weiser, Julia Spieß & Andreas Zimber
Hochschule der Wirtschaft für Management Mannheim (HdWM)

Förderung einer Kultur der Prävention: Die Rolle der Unternehmensleitung

1. Ausgangssituation und Projektziele

Wie die arbeitspsychologische Forschung gezeigt hat, spielen Führungskräfte eine Schlüsselrolle für die Gesundheit und das Wohlbefinden ihrer Beschäftigten: Sie prägen das Sicherheits- und Gesundheitsverhalten der Beschäftigten durch ihr eigenes Verhalten (Inceoglu et al., 2018) und gestalten das Arbeitsumfeld sowie die Sicherheitskultur in ihrer Organisation (Christian et al., 2009). Bereits 1980 identifizierte Zohar die Einbindung des Topmanagements in Sicherheitsthemen als zentralen Einflussfaktor auf das Sicherheitsklima. Dieses als Beteiligung der Führungskräfte beschriebene Konzept wird im Folgenden – wie u.a. bereits von Zohar (1980) – als Management Commitment (MC) bezeichnet. Neal und Griffin (2004, p. 27) definieren MC als „das Ausmaß, in dem wahrgenommen wird, dass das Management der Sicherheit eine hohe Priorität einräumt und Sicherheitsthemen effektiv kommuniziert und umsetzt" (Übersetzung der AutorInnen).

MC ist demzufolge ein zentrales Konzept für die Einführung einer Präventionskultur in Unternehmen. Es zeigt sich u. a. in der Bereitschaft, kurzfristig in nicht-produktive Sicherheits- und Gesundheitsziele zu investieren, um langfristige Kosten zu vermeiden (Zohar, 2014). Sicherheitsklima und MC wurden bisher fast ausschließlich in größeren Unternehmen untersucht. Über das MC in kleinen und mittleren Unternehmen (KMU) ist dagegen nur wenig bekannt. In KMUs kommt der Unternehmensleitung allerdings meist gleichzeitig die Rolle des Sicherheitsbeauftragten zu, während diese in größeren Unternehmen oftmals ausgegliedert ist. Des Weiteren sind Regelungen und Maßnahmen in kleinen Betrieben aus bspw. finanzieller, räumlicher oder arbeitsorganisatorischer Sicht oft nicht so gut umsetzbar wie in vergleichsweise größeren Unternehmen. Daher ist es wichtig, dass eine gesonderte Untersuchung des MC in KMUs erfolgt.

In einem Forschungsprojekt der Deutschen Gesetzlichen Unfallversicherung (DGUV) sollen die Komponenten und Einflussfaktoren des MC herausgearbeitet werden, um auf dieser Grundlage Interventionsmaßnahmen zu entwickeln und zu etablieren. Diese Maßnahmen sollen im weiteren Projektverlauf evaluiert werden.

2. Das Konstrukt Management-Commitment

Eine einheitliche Definition des Konstruktes MC mitsamt seinen Komponenten existiert bisher noch nicht. Problematisch ist dabei insbesondere, dass, wie auch in der von Neal und Griffin (2004) verwendeten Definition, oftmals nur ein Sicherheitsbezug hergestellt wird, nicht aber ein Gesundheitsbezug. Auch die bisher existierenden Instrumente fokussieren *entweder* die Sicherheit *oder* die Gesundheit. Beide Felder werden in unterschiedlichen Forschungstraditionen behandelt, fallen jedoch in der Praxis oft in den Aufgabenbereich derselben Person. Auch werden sie inhaltlich nicht voneinander getrennt (z. B. Friend & Kohn, 2018). Daher soll MC hier auf Sicherheit *und* Gesundheit bezogen werden.

Bisherige Ergebnisse zeigen einen negativen Zusammenhang zwischen MC und Sicherheitsergebnissen, wie z. B. Unfällen und Verletzungen (r = -.36, $CI_{95\%}$ [-.44; -.27]; Christian et al., 2009.) Im Modell der AutorInnen wird es daher als distaler situationsbezogener Faktor für Sicherheitsergebnisse aufgenommen. Als Teil des Sicherheitsklimas spielt es dort eine hervorgehobene Rolle (Zohar, 2014), wurde aber bislang nicht klar von inhaltlich verwandten Konstrukten, wie z. B. dem „Psychosocial Safety Climate" (Dollard et al., 2019), abgegrenzt.

2.1 Komponenten von Management Commitment
In der Literatur zu Führungsverhalten und Sicherheit bei der Arbeit wurde zwar bisher oft nicht explizit vom Konstrukt MC gesprochen, allerdings wurden bereits viele Eigenschaften oder Verhaltensweisen von Führungskräften beschrieben, welche von Beschäftigten als förderlich für das Sicherheitsklima wahrgenommen wurden oder sich positiv auf die Sicherheitsergebnisse auswirkten. Aus der Literatur wird außerdem ersichtlich, dass anzunehmen ist, dass MC nicht nur aus der Wahrnehmung der Beschäftigten besteht, sondern auch Aufgaben, Fähigkeiten, Einstellungen und Werte der Führungskräfte eine Rolle spielen.

In einer Interviewstudie (Zimber & Hundt, 2020) wurde der Versuch unternommen, die Komponenten des MC zu Sicherheit und Gesundheit in KMU näher einzugrenzen. Für einen umfassenden Überblick über die dem MC zugeschriebenen Komponenten wurde zunächst die vorhandene Literatur gesichtet (u. a. Fruhen et al., 2019; Gillen et al., 2004; Zohar, 1980). Um die Ergebnisse zu systematisieren, wurden die identifizierten Facetten in vier übergeordnete Kategorien eingeordnet. In qualitativen Interviews sollten dann die insbesondere für KMU relevanten Komponenten des MC gewonnen werden, um diese später zur Entwicklung eines Messinstruments heranziehen zu können. Die Interviews wurden mit Führungskräften, Beschäftigten und Sicherheitsexperten geführt, wobei die verschiedenen Zielgruppen dem Vergleich unterschiedlicher Perspektiven auf das Konstrukt dienten. In 34 Interviews wurden insgesamt 630 Aussagen zu MC identifiziert. Die identifizierten Komponenten deckten sich inhaltlich weitgehend mit den in der Literatur berichteten. Darüber hinaus

wurden noch zwei weitere, in der Literatur seltener genannte Komponenten identifiziert, denen die Aussagen inhaltsanalytisch zugewiesen wurden:
- Stellenwert des Themas und Engagement der Unternehmensleitung
- Etablierung von Regelungen und Zuständigkeiten, Einsatz von Ressourcen
- Thematisierung von und Beteiligung an SGA-Themen
- Kontrolle von und Feedback zu Sicherheits- und Gesundheitsverhalten
- Kompetenz zu SGA-Themen
- Übernahme einer Vorbildrolle

Tab. 1: Auszug der Zuordnung von Komponenten und Facetten

Komponenten Literatur Facetten Literatur *Top management …*	Komponenten KMU Facetten KMU	Beispiel-Zitat
1. Priority of safety and health issues	**1. Stellenwert des Themas und Engagement der Unternehmensleitung**	
… gives priority to safety and psychological health versus production (Dollard et al., 2019)	Priorität im Vergleich zu anderen Aufgaben oder Interessen anderer Zielgruppen	„Ich sag jetzt mal, Sicherheit und Gesundheit ist ja bis zum gewissen Level absolut wichtig und notwendig." (Unt. 8, B3)
… emphasizes that employees' safety and health should be protected (Gillen et al., 2004); … is convicted that safety is an integral part (Zohar, 1980)	Mitarbeitergesundheit als wichtiges Unternehmensziel	„Das ist so schon, was auch mein Gefühl auch sagt, (…) es wird sich sehr gut um uns gekümmert." (Unt. 5, B2)
… protects his employees from long work hours and stress; has (un)reasonable expectations as to what can be accomplished in a workday (Gillen et al., 2004)	Art oder Ausmaß des Engagements für die Mitarbeitergesundheit	„Ja, sie guckt schon auf Dauer, dass keine Beschwerden da sind." (Unt. 11, B2)

Wie beispielhaft in Tab. 1 zu sehen ist, wurden zu jeder der sechs Komponenten einzelne Facetten aus den Aussagen extrahiert und zugeordnet. Dabei zeigte sich eine hohe Überlappung in der Wahrnehmung der verschiedenen Zielgruppen ($.55 < r < .91$).

Die Interviewten unterschieden dabei nicht zwischen Sicherheits- und Gesundheitsaspekten, sondern betrachteten sie bspw. als „zwei Seiten der gleichen Medaille" oder als „Pflicht und Kür". Diese Ergebnisse bestätigten unseren Ansatz, keine Trennung zwischen dem Sicherheits- und Gesundheitsbezug vorzunehmen.

2.2 Entwicklung eines Messinstruments für Management Commitment zu Sicherheit und Gesundheit

Auf Basis dieser zu Kategorien zusammengefassten Komponenten soll im nächsten Schritt ein Messinstrument zur Erfassung von MC zu Sicherheit und Gesundheit in KMUs entwickelt werden. Dazu werden aus jeder Komponente mehrere Items entwickelt und an einer Validierungsstichprobe getestet. Der Fragebogen soll in zwei Versionen entwickelt werden, von denen eine die Perspektive der Beschäftigten abbildet und die andere eine Selbsteinschätzung der Führungskräfte. Aus den mit diesem Instrument gewonnenen Ergebnissen sollen Maßnahmen zur Förderung des Engagements von UnternehmerInnen für den Arbeits- und Gesundheitsschutz gewonnen werden.

Literatur

Christian, M. S., Bradley, J. C., Wallace, J. C. & Burke, M. J. (2009). Workplace safety: A meta-analysis of the roles of person and situation factors. Journal of Applied Psychology, 94 (5), 1103–1127.

Dollard, M.F., Dormann, C. & Idris, M.A. (2019). Psychosocial safety climate. A new work stress theory. Chur: Springer Nature Switzerland.

Friend, M. A, & Kohn, J.P. (2018). Fundamentals of occupational safety and health (7th. ed.). Lanham, MD: The Scarecrow Press.

Fruhen, L.S., Griffin, M.A. & Andrei, D.M. (2019). What does safety commitment mean to leaders? A multi-method investigation. Journal of Safety Research, 68, 203–214.

Gillen, M, Koolsa, S. Sumb, J., McCalla, F. & Mouldenc, K. (2004). Construction workers' perceptions of management safety practices: A qualitative investigation. Work, 23, 245–56.

Inceoglu, I., Thomas, G. Chu, C., Plans, D. & Gerbasi, A. (2018). Leadership behavior and employee well-being: An integrated review and a future research agenda. Leadership Quarterly, 29, 179–202.

Neal, A. & Griffin, M. A. (2004). Safety climate and safety at work. In J. Barling & M. R. Frone (Eds.), The psychology of workplace safety (pp. 15–34). Washington, DC: American Psychological Association.

Zimber, A. & Hundt, D. (2020). Bericht zum Prätest der qualitativen Vorstudie [unveröffentlichter Projektbericht]. HdWM, Mannheim.

Zohar, D. (1980). Safety climate in industrial organizations: theoretical and applied implications. Journal of Applied Psychology 65 (1), 96–102.

Zohar, D. (2014). Safety climate: conceptualization, measurement, and improvement. In: B. Schneider, & K. M. Barbera (Eds.), The Oxford Handbook of Organizational Climate and Culture. Oxford: Oxford Handbooks.

Arbeitskreis 14 – Ergänzung
Aus- und Weiterbildung: Betriebliche Beispiele
Leitung: Nele Plitt

Andrea Stocker
Eigenverantwortung in der Arbeitssicherheit bei jungen Erwachsenen

Beiträge im Workshopband 2020

Evelyn Heinen & Jörg Schimmelfeder
Projekt Unternehmen verstehen, gestalten und verändern im Brühler Turnverein (BTV)
(Seite 259)

Nele Plitt
Humor im Arbeitsschutz: Wirksamkeit humoristisch gestalteter Medien in der Arbeits- und betrieblichen Verkehrssicherheit
(Seite 263)

Alexander Tirpitz
Back to Routine! Teamresilienz als Leitplanke in der agilen Arbeitswelt
(Seite 267)

Andrea Stocker
Schweizerische Unfallversicherung Suva

Eigenverantwortung in der Arbeitssicherheit bei jungen Erwachsenen

1. Hintergrund und Fragestellung

In der heutigen, sich schnell verändernden Welt, gilt es ständig neue Herausforderungen zu bewältigen. Eine 2019 publizierte Studie zeigt, dass junge Erwachsene die Welt als komplex und die Zukunft als schwierig vorhersehbar wahrnehmen (Mack et al., 2019). Die stetigen Veränderungen und die vielen Ungewissheiten fordern eine hohe Anpassungsfähigkeit und Flexibilität. Entsprechend kurz sind die Planungshorizonte; Die Mehrheit der 18–37-Jährigen in der Schweiz planen ihre berufliche Zukunft weniger als 5 Jahre voraus (Mack et al., 2019). Gleichzeitig zeigt die Studie, dass sich diese Generation überwiegend selbst für ihre Zukunft verantwortlich fühlt. So stellen für sie sowohl ihre langfristige Gesundheit wie auch Eigenverantwortung zentrale Werte dar, um den zukünftigen Herausforderungen gewachsen zu sein. Die persönlichen Einflussmöglichkeiten sehen sie, gemäss der Studie, vor allem in ihrem unmittelbaren Umfeld, wo eine direkte Rückmeldung auf ihr persönliches Handeln ersichtlich ist.

Aus Sicht der Unfallprävention und Gesundheitsschutz stellt sich die Frage, was Eigenverantwortung im Arbeitskontext bedeutet. Was braucht es, um eigenverantwortliches Handeln zu fördern? Was ist hinderlich? Gibt es Unterschiede zwischen den Berufsbranchen?

2. Methodisches Vorgehen

Diese Fragen wurden in einer von der Suva in Auftrag gegebenen Studie untersucht (Rüthi & Holenstein, 2019). In einer ersten, qualitativen Erhebungsphase wurden zwischen insgesamt fünf Fokusgruppen mit jungen Arbeitnehmenden in Betrieben der Branchen Bau, Chemie und Forst durchgeführt. Diese Phase diente der Konzeptualisierung der Eigenverantwortung im Arbeitskontext. In einer zweiten Phase wurden die Erkenntnisse aus den Fokusgruppen validiert und das Konzept der Eigenverantwortung geschärft. Dazu wurde eine semi-quantitative Online-Umfrage durchgeführt. Der Fragebogen beinhaltete Fragen zur Eigenverantwortung, zu unterstützenden und hindernden Faktoren für eigenverantwortliches Handeln, die arbeitssicherheitsbezogene Einstellung sowie demografische Variablen. Insgesamt haben 273 Arbeitnehmende (16 bis 30 Jahre) aus den oben genannten drei Branchen in der deutsch- und französischsprachigen Schweiz an der Umfrage teilgenommen.

3. Resultate

Als Hauptgrund für die gelebte Eigenverantwortung in der Arbeitssicherheit zeigte sich die Ansicht, dass jede und jeder selber die Gefahren bei der Arbeit am besten erkennt und damit auch die Mitverantwortung für sicheres Arbeiten trägt. Um Verantwortung für die eigene Sicherheit zu übernehmen, erachten die Befragten vor allem folgende Handlungen als wichtig: Bei Gefahr für sich oder für andere Stopp sagen, bei Unsicherheit bei den ArbeitskollegInnen oder Vorgesetzten nachfragen, selbstständig sicherstellen, dass die persönliche Schutzausrüstung (PSA) vorhanden und in einem guten Zustand ist sowie selbstständig unsichere Situationen und Handlungen erkennen und darauf hinweisen. Beim Tragen der PSA und beim Sicherstellen, dass die PSA in einem guten Zustand ist, sehen die Befragten die Verantwortung deutlich stärker bei sich selbst als bei ihren Vorgesetzten. Das gleiche gilt für das Einhalten der Sicherheitsvorschriften.

Unterstützende Faktoren für eigenverantwortliches Handeln
Das Team betreffend, wurde gegenseitiges Vertrauen als hilfreichster Faktor für eigenverantwortliches Handeln bewertet, gefolgt von sicherem Verhalten der ArbeitskollegInnen und Austausch im Team zu (Beinahe-)Unfällen. Erfahrung im Erkennen von Gefahren und im Umgang mit Gefahren ist ebenfalls ein wichtiger Faktor für eigenverantwortliches Handeln. Bezüglich der Vorgesetzten werden gewährter Handlungsspielraum und sichere Rahmenbedingungen als unterstützend wahrgenommen. Auch regelmäßige Sicherheitsschulungen und das Thematisieren der lebenswichtigen Regeln sowie der betriebseigenen Regeln wurde für das Übernehmen von Verantwortung als hilfreich bewertet.

Hindernde Faktoren für eigenverantwortliches Handeln
Die Resultate zeigen keine stark hindernden Faktoren für eigenverantwortliches sicheres Arbeiten. Am ehesten werden Zeitdruck, fehlendes Wissen über Sicherheitsvorschriften und Handhabung von Geräten sowie die erschwerte Kommunikation im Team als Faktoren bewertet, die eigenverantwortliches Handeln behindern können. Kontrollen durch die Vorgesetzten werden nicht als hindernd wahrgenommen.

Es haben sich keine Unterschiede zwischen den Berufsbranchen Bau, Chemie und Forst gezeigt.

4. Schlussfolgerungen

Es zeigt sich, dass die Eigenverantwortung im Kontext Arbeitssicherheit über die Verantwortung für das eigene Verhalten hinausgeht und nicht unabhängig von der Sicherheitskultur eines Teams und des gesamten Betriebes betrachtet werden kann.

Gegenseitiges Vertrauen im Team und ein regelmäßiger Austausch zu (Beinahe-)Unfällen unterstützen eigenverantwortliches Handeln. Gleichzeitig werden auch Regeln als hilfreich und nicht als hinderlich wahrgenommen. Eigenverantwortung und Regeln könnten als Widerspruch aufgefasst werden. Die Resultate deuten aber darauf hin, dass klare Regeln für eigenverantwortliches Handeln in der Arbeitssicherheit kein Hindernis darstellen, sondern unterstützend wirken. Es gilt vielmehr die Regeln in geeigneter Weise zu kommunizieren, so dass sie eine hilfreiche Grundlage bieten und nicht als Einschränkung des eigenen Handlungsspielraums wahrgenommen werden. Damit Eigenverantwortung in der Arbeitssicherheit gelebt werden kann, scheint eine Kombination aus Sicherheitsregeln, persönlicher Erfahrung und proaktiver Sicherheitskultur vielversprechend.

Die Resultate lassen keine Aussagen über andere Altersgruppen zu. Es ist jedoch anzunehmen, dass sich die Einschätzungen der jungen Erwachsenen nicht ausschließlich auf diese Generation beschränken und als Hinweis für künftige Entwicklungen gesehen werden können.

Literatur
Verena Mack, Anna-Lena Köng, Matthias Holenstein, Christoph Beuttler (2019). Generation Y – Risiko anders erlebt. Eine Studie der Stiftung Risiko Dialog, St. Gallen, Januar 2019.
Rüthi, T. & Holenstein, M. (2019). Arbeitssicherheit – Welche Rolle spielt
Eigenverantwortung bei jungen Menschen? Eine Studie der Stiftung Risiko Dialog im Auftrag der Schweizerischen Unfallversicherung Suva. Unveröffentlichte Ergebnispräsentation, Luzern, 15. Okt. 2019.

Arbeitskreis 18 – Ergänzung
Digitalisierung: Gefahren
Leitung: Thorsten Uhle

Thorsten Uhle & Gerrit Köppel
Gefährdungsbeurteilung psychischer Belastung: effizient, partizipativ und motivierend

Beiträge im Workshopband 2020

Anna Borg, Ulrich Birner, Matthias Weigl & Bianca Wittenborn
Digitales Screening-Tool zur Gefährdungsbeurteilung psychischer Belastung
(Seite 323)

Martina Schaper, Christina Debbing, Caroline Ruiner & Vera Hagemann
Entwicklung eines Risk Assessment: Beurteilung des Gefährdungspotentials von digitalisierten Arbeitsplätzen
(Seite 327)

Meike Schult & Verena Schürmann
Beeinflusst die digitale Transformation das Beanspruchungserleben von Beschäftigten?
(Seite 331)

Thorsten Uhle[1] & Gerrit Köppel[2]
[1]Bayer AG, [2]University of Applied Sciences Europe

Gefährdungsbeurteilung psychischer Belastung: effizient, partizipativ und motivierend

1. Einleitung und Hintergrund

Die regelmäßige oder anlassbezogene Durchführung der Gefährdungsbeurteilung psychischer Belastung (GBpsych) ist in allen EU-Mitgliedsstaaten sowie in zahlreichen anderen Ländern (u. a. Australien, Brasilien und Indonesien) durch den Gesetzgeber vorgeschrieben (z. B. Dir. 89/391/EEC, Dir. 2007/30/EC und ArbSchG). Der noch immer eher geringe Umsetzungsgrad in Deutschland offenbart Unsicherheiten seitens der betrieblichen Verantwortlichen – so haben nur ca. 20 % der Unternehmen das Thema „Psyche" in der Gefährdungsbeurteilung berücksichtig und nur 5 % implementierten einen vollständigen GBpsych-Prozess (vgl. Uhle & Treier, 2019, S. 353). Diese Unsicherheiten lassen sich beseitigen, wenn man das Vorgehen dem Prozess der klassischen Gefährdungsbeurteilung anpasst (PDAC-Zyklus), beim Setting und der Methodik jedoch Dialoginstrumente einsetzt.

Der Gesetzgeber verpflichtet die Arbeitgeber dazu, die Risiken bzw. Gefährdungen durch psychische Belastungen zu ermitteln und zu vermeiden, allerdings bleibt offen, wie diese Ermittlung zu erfolgen hat. Dies begünstigt den Einsatz nicht valider Instrumente. Schuller et al. (2018) untersuchten das Spektrum betrieblicher Vorgehensweisen auf Basis von betrieblichen Fallstudien und kamen zur Empfehlung, dass das methodische Vorgehen so ausgerichtet sein soll, dass sowohl ein systematischer Überblick über die gesamte psychische Belastungssituation im Unternehmen als auch ein tieferes Verständnis für Entstehungsbedingungen kritischer Belastungsausprägungen im konkreten betrieblichen Kontext ermöglicht wird (ebd., S. 138).

Die GBpsych folgt der Tradition etablierter Arbeitsanalyseverfahren (Ulich, 2011, S. 141 ff.). Da es kein „Psychometer" gibt, sind objektive Beobachtungsmethoden eher nicht geeignet – es empfiehlt sich, mit den Betroffenen im Dialog die subjektive Sicht von Belastungsmomenten zu erheben. Dieser Dialog beinhaltet in der Bayer AG eine Grob-(Mitarbeiterbefragung) und eine Feinanalyse (Workshop). Das neu entwickelte zweischrittige Verfahren fokussiert sowohl die rechtlichen Anforderungen (Belastungsfaktoren, die von außen auf den Menschen einwirken) als auch zusätzliche gesundheitswissenschaftliche Faktoren (persönliche und organisatorische Faktoren und mittel- und langfristige Beanspruchungsfolgen). Mit Hilfe dieses ganzheitlichen und gestaltungsorientierten Vorgehens lassen sich konkrete Umsetzungsmaßnahmen ableiten und evaluieren.

2. Gesundheits- und Sicherheitsdialog

Ziel ist die Schaffung eines globalen Gesundheits- und Sicherheitsdialogs, um diese wichtigen Themen dauerhaft innerhalb der Organisation im Gespräch zu halten, so das Bewusstsein des Einzelnen weiter für gesundheits- und sicherheitsrelevante Inhalte zu schärfen und die gemeinsame Präventionskultur weiterzuentwickeln. Die GBpsych ist Kernbestandteil dieses Dialogs, der von zahlreichen andern Dialogbestandteilen flankiert wird (z. B. Bayer Safety Day, Health & Safety Moments). Die Aufgabe der globalen Fachfunktion ist es, zusammen mit den Regionen und Ländern optimale Rahmenbedingungen und Vorgaben zur Verfügung zu stellen, damit die MitarbeiterInnen der einzelnen Standorte zum Mitmachen motiviert werden.

Die Anforderungen an diesen globalen Gesundheits- und Sicherheitsdialog mit 100.000 potenziellen Dialogpartnern sind hoch: Die Inhalte müssen in ein funktionales und attraktives Design eingebettet sein, der Dialog darf nicht ins Stocken geraten und die Beteiligten müssen den Mehrwert erkennen. In einem ersten Piloten in 2019 (Organisationseinheit in Deutschland mit 1.500 Beschäftigten) wurden diese Anforderungen erfolgreich umgesetzt.

Grobanalyse mit dem OHS-Survey

Der in der Grobanalyse eingesetzte Fragebogen blickt auf eine inzwischen 20-jährige Geschichte zurück: vom „Fragebogen zum Arbeits- & Gesundheitsschutz" (FAGS) über die Gesundheitsbefragung bis zur aktuellen Version „Occupational Health & Safety Survey" (OSH-Survey; u. a. Uhle et al., 2010). Der Fragebogen konnte im Laufe der Zeit immer weiter optimiert werden, liegt als digitale und Papierversion vor und stellt ein mit ca. 100 Items sehr schlankes, aber dennoch reliables und valides Instrument mit folgenden Inhalten dar:

- *Anforderungen:* Arbeitsumgebung, neue Arbeitsformen, Arbeitsorganisation, soziale Beziehungen und Arbeitsinhalt/-aufgabe
- *Organisatorische Ressourcen:* soziale Unterstützung, Feedback und Verstärkung, Führung sowie Gesundheits- und Sicherheitskultur
- *Persönliche Ressourcen:* Gesundheits- und Sicherheitskompetenz
- *Folgen:* Gereiztheit/Belastetheit, Präsentismus, Arbeitsbewältigungsindex und Bewertung der angebotenen gesundheits- und sicherheitsförderlichen Maßnahmen

Im Piloten konnten die MitarbeiterInnen in einem sechswöchigen Zeitfenster die digitale Version des Fragebogens am Bildschirmarbeitsplatz oder auf dem Tablet ausfüllen; dies haben deutlich über 70 % der Belegschaft genutzt. Nach Beendigung der Befragung standen bereits am Folgetag die Reports zur Verfügung (Gesamt- und Bereichsreports). Alle relevanten Ergebnisse finden sich in einer einzigen Abbildung, dem sogenannten „OHS Cockpit" wieder (vgl. Abb. 1). In dem Cockpit sind mehrere tausend Einzelinformationen zusammengefasst, statistisch signifikante Auffälligkeiten sind farblich hervorgehoben und fallen dem Betrachter sofort ins Auge – durch das Anklicken relevanter Bereiche im Cockpit öffnen sich weitere Detailinformationen. Neben statistischen Signifikanztests sind auch „Gesetzmäßigkeiten aus der Empirie" (Uhle & Treier, 2019, S. 29 ff.) in die Auswertungsalgorithmen programmiert worden.

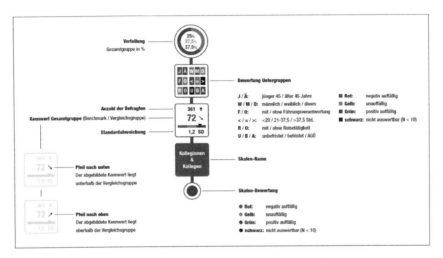

Abb. 1: Ausschnitt aus dem OHS Cockpit mit fiktiven Werten einer Skala

Der Anwender erhält mit Hilfe des Cockpits empirisch gestützte Empfehlungen für die weiteren Schritte, unter anderem auch für die Feinanalyse.

Feinanalyse mit Dialog-Workshops
Die in der Grobanalyse negativ auffälligen Skalen können in der Feinanalyse vertieft ausgewertet und mit Beispielen aus dem Arbeitsalltag konkretisiert werden. Ziel ist die Erarbeitung von Maßnahmenvorschlägen durch die Beschäftigten für die „paritätische Kommission GBpsych". Die von den Unfallkassen und Berufsgenossenschaften in 2019 publizierte Methodik „kommmitmensch-Dialogbox" wurde in einem kleinen Forschungsprojekt für die Bedarfe des Gesundheits- und Sicherheitsdialogs in der Bayer AG angepasst.

Im Piloten wurden vier halbtägige Dialog-Workshops durchgeführt: drei Workshops mit MitarbeiterInnen und einer mit Führungskräften (jewails zwischen sieben und 12 TeilnehmerInnen). Die TeilnehmerInnen wurden zu Beginn in die Methodik eingeführt (Videoclip) und erarbeiteten dann selbstständig, um ein ‚Spielfeld' sitzend, konkrete Maßnahmenvorschläge. In einem Spieldurchgang sind vier Stufen zu durchlaufen: In der ersten Stufe wird eine aus der Grobanalyse negativ auffällige Skala mit Beispielitems in Erinnerung gerufen. Erfahrungsgemäß gibt es zwischen vier und sieben auffällige Skalen und damit die gleiche Anzahl an Spieldurchgängen. Auf der zweiten Stufe sollen die TeilnehmerInnen Dialogkarten, die für jede Skala der Grobanalyse entwickelt wurden, einer Kulturstufe zuordnen (gleichgültig-reaktiv-regelorientiert-proaktiv-wertorientiert), um sich so als Gruppe auf das Kulturkontinuum zu eichen. In Stufe drei werden konkrete Alltagsbeispiele gesammelt, die den Kulturstufen zugeordnet und aus denen in Stufe vier Maßnahmenideen abgeleitet werden.

Im Piloten wurden 39 Maßnahmenideen entwickelt, die anschließend von der paritätischen Kommission geclustert und in handhabbaren Maßnahmenpaketen verabschiedet wurden. In der Evaluation vergaben die Beteiligten Höchstnoten (1,1–1,4 nach Schulnoten) bezüglich der Zufriedenheit und Akzeptanz mit der Methodik, der Relevanz und Umsetzbarkeit der Maßnahmenideen sowie dem Spaßfaktor.

3. Weiteres Vorgehen

In 2020 finden fünf weitere Pilotierungen im deutschen Sprachraum statt, mit dem Ziel, zusätzliche Digitalisierungsoptionen nutzbar zu machen. So soll beispielsweise das OHS Cockpit noch dynamischer gestaltet (zusätzliche Hilfs- und Navigationsfunktionen) und mit einer Toolbox verlinkt werden. Darüber hinaus wird ein Web Based Training für das Arbeiten mit dem Cockpit entwickelt.

In 2021 geht es dann um die globale Pilotierung mit der Prüfung der Kultursensitivität der Gesamtmethodik und der Vorbereitung des Rollouts.

Literatur
Schuller, K., Schulz-Dadaczynski, A., & Beck, D. (2018). Methodische Vorgehensweisen bei der Ermittlung und Beurteilung psychischer Belastung in der betrieblichen Praxis. Zeitschrift für Arbeits- und Organisationspsychologie, 62 (3), 126-141.
Uhle, T., Zimolong, B., & Elke, G. (2010). FAGS-BGF. Fragebogen zum Arbeits- und Gesundheitsschutz ‚Betriebliche Gesundheitsförderung'. In W. Sarges, H. Wottawa & C. Roos (Hrsg.), Handbuch wirtschaftspsychologischer Testverfahren. Band II: Organisationspsychologische Instrumente (S. 46-53). Lengerich: Pabst Science Publishers.
Uhle, T. & Treier, M. (2019). (4. Aufl.). Betriebliches Gesundheitsmanagement. Gesundheitsförderung in der Arbeitswelt – Mitarbeiter einbinden, Prozesse gestalten, Erfolge messen. Heidelberg: Springer.
UK/BG: https://www.kommmitmensch.de/toolbox/kommmitmensch-dialoge/ [24.01.2020]
Ulich, E. (2011). Arbeitspsychologie (7. Aufl.). Zürich: vdf Hochschulverlag.

Arbeitskreis 19 – Ergänzung
Führung und Organisation: Verfahren und Schulungen
Leitung: Werner Hamacher

Wim Nettelnstroth
Das Kooperative Führungssystem (KFS) in der Berliner Polizei: Der Zusammenhang des KFS mit anderen modernen Führungskonzepten und sein Einfluss auf Zufriedenheit, Gesundheit und Leistungsbereitschaft

Beiträge im Workshopband 2020

Philip Ashton, Werner Hamacher & Moritz Bald
Gesunde Führung – Stellenwert und Entwicklung von Führungskompetenzen
(Seite 337)

Annika Diener & Arne Lehmann
Gesundheitsförderliche Führung im Handel
(Seite 341)

Anne Katrin Matyssek & Ilona Bonin
Gesundheitsgerechter Umgang mit Emotionen im Polizeiberuf – Praktische Tipps und Empfehlungen für Führungskräfte
(Seite 345)

Tanja Nagel, Moritz Bald, Rüdiger Trimpop & Werner Hamacher
Evaluation des Modells „Alternative Betreuung plus" für sichere und gesunde Arbeit in KMU
(Seite 353)

Sebastian Riebe, Christof Barth & Werner Hamacher
Nachhaltiger Unternehmenserfolg durch bedarfsgerechte Unterstützung der Führung zu Gesundheit und Sicherheit bei der Arbeit – das Modell „Alternative Betreuung plus"
(Seite 357)

Wim Nettelnstroth
Hochschule für Wirtschaft und Recht Berlin

Das Kooperative Führungssystem (KFS) in der Berliner Polizei: Der Zusammenhang des KFS mit anderen modernen Führungskonzepten und sein Einfluss auf Zufriedenheit, Gesundheit und Leistungsbereitschaft

1. Einleitung

In Bezug auf die Mitarbeitendenführung in der deutschen Polizei gibt es eine Führungsverhaltensvorschrift, innerhalb derer die Führungskräfte zu agieren haben. Dieses *Kooperative Führungssystem (KFS)* verwirklicht seit 1976 eine Abkehr von autoritären (Vera, 2015) hin zu demokratischen Führungsstilen sowie partizipativer und kooperativer Führung (Thielmann & Weibler, 2014). Trotz des innerhalb des KFS befindlichen Handlungsspielraums für die Führungskräfte beinhaltet es verbindlich anzuwendende Führungsmaßnahmen, die Mitarbeitende einbinden sollen (Strietzel, 2010). Die Umsetzung des KFS durch die polizeiliche Führung bzw. das Zusammenspiel der Elemente (Delegation, Beteiligung, Transparenz, Repräsentation, Kontrolle, Leistungsbewertung) wird mit der Absicht formuliert, positive Resultate bei den Zielgrößen Leistung, Arbeitszufriedenheit und Motivation zu erreichen (Altmann & Berndt, 1982; Barthel & Heidemann, 2013; PDV 100, 2014; Thielmann & Weibler, 2014; Rauch, 2015). Aktuell betonen Fischbach, Lichtenthaler und Vollmar (2017) die drei Zielbereiche des KFS:

1. Effiziente und gesundheitsförderliche Aufgabenerledigung
2. Eigenverantwortung, Motivation und Engagement der Geführten
3. Ethisch legitimiertes Führungsverhalten

In der Literatur wird das KFS aus unterschiedlichen Richtungen kritisiert, die sich in eine Detail- und in eine Fundamentalkritik (Barthel, 2006, 2010; Barthel & Heidemann, 2014; Barthel & Schiele, 2017) unterteilen lassen. Dieser Beitrag verortet sich in der Detailkritik am KFS, wonach es nicht grundsätzlich in Frage gestellt, sondern mangelnde empirische Evidenz thematisiert wird (Vollmar, Fischbach & Lichtenthaler, 2017).

2. Die Studie zur Konstrukt- und Kriteriumsvalidität des KFS

2.1 Fragestellungen, Annahmen, Stichprobe und Methode

Aus der theoretischen Erkenntnislage ergeben sich für die vorliegende Studie folgende Fragestellungen und Annahmen:

1. Mit welchen der Dimensionen etablierter psychologischer Führungstheorien weisen die Elemente des KFS Zusammenhänge auf und welcher Transfer von Erkenntnissen ist demzufolge möglich?
   - Es wird von einem positiven (statistischen) Zusammenhang mit Transformationaler Führung und Mitarbeiterorientierung ausgegangen mit einer vergleichbaren Wirkungsweise wie bei diesen Modellen
2. Inwieweit wirken sich die Elemente des KFS auf die abhängigen Variablen (Leistung, Zufriedenheit, Gesundheit) von Polizeibeamtinnen und Polizeibeamten aus?
   - Es wird angenommen, dass eine hohe Ausprägung einzelner Elemente des KFS mit einer hohen Ausprägung abhängiger Variablen (Leistung, Zufriedenheit, Gesundheit) einhergeht (positive Korrelation).
   - Es wird angenommen, dass die sechs Systemelemente gemeinsam einen signifikanten Beitrag zur Beeinflussung der Zielgrößen beitragen (Regressionsanalyse).

Insgesamt wurden 90 Berliner PolizeibeamtInnen aus neun verschiedenen Dienststellen (Kommissariate aus örtlichen Direktionen, des LKAs und eine Einsatzhundertschaft) (Ludwig, 2018). Die Teilnehmer waren im Durschnitt 42 Jahre alt (23 bis 63). Die Dienstjahre liegen bei einem Mittelwert von 19 Jahren zwischen 1 und 42. Es haben 55% SchutzpolizistInnen und 45% KriminalpolizistInnen teilgenommen Mit einem Anteil von 42% tragen überdurchschnittlich viele Befragte Führungsverantwortung. Als Skalen wurden benutzt: Fragebogen zur Erfassung Kooperativer Führung in der Polizei (F-KFS; Fischbach, Lichtenthaler & Vollmar, 2017), Arbeits- und Berufszufriedenheit (Weyer, Hodapp & Neuhäuser, 2014), Arbeits- und Berufsbelastung (Weyer, Hodapp & Neuhäuser, 1980), Allgemeine Arbeitsmotivation (Liepmann & Kilian, 1998, 2001), Mitarbeiterorientierte und Aufgabenorientierte Führung (LBDQ, Hemphill & Coons, 1957, zit.nach Liepmann & Felfe, 2008), Transaktionale und Transformationale Führung (MLQ; Felfe, 2006), Stresserleben (Liepmann & Kilian, 1998, 2001), Soziale Stressoren am Arbeitsplatz (Frese, Greif & Zapf, 2014), Psychische Erschöpfung (Ducki, 2000), Burnout (Büssing & Perrar, 1992), Engagement (Schaufeli & Bakker, 2003), Organizational Citizenship Behavior (Felfe, Schmook, Six & Wieland, 2005).

2.2 Beschreibung der Ergebnisse

In der im Rahmen dieser Studie erhobenen Stichprobe weisen die Elemente des KFS leicht positive Ausprägungen (0,5 über 3,0 auf 5-poliger Skala). Etablierte Führungskonzepte zeigt eine höhere Mitarbeiter- als Aufgabenorientierung und eine höhere Transformationale als Transaktionale Führung. Mit Ausnahme der Transaktionalen Führung liegen die Mittelwerte über M=3, bei der Mitarbeiterorientierung über M = 4,0.

Die Belastungsfaktoren sind im Durchschnitt niedrig, die Zufriedenheits- und Motivationsaspekte hoch ausgeprägt und die leistungsrelevanten Variablen (OCB, Engagement) liegen leicht über M=3. Die Elemente des KFS weisen hohe Interkorrelationen auf, die sich zwischen r = .52 (Delegation – Beteiligung) und r = .79 (Repräsentation – Transparenz) bewegen. Die theoretisch angenommene Struktur des F-KFS mit drei Faktoren konnte nicht repliziert werden. Somit spricht alles für die einfaktorielle Lösung, die 72 % der Varianz aufklärt.

Der Zusammenhang des KFS mit anderen modernen Führungskonzepten
In Bezug auf Zusammenhänge mit anderen Führungstheorien zeigt sich, dass …
- sämtliche KFS-Elemente hochsignifikante Zusammenhänge mit *Mitarbeiterorientierung* aus dem LBDQ aufweisen, die sich zwischen r = .58 (Zielorientierte Kontrolle) und r = .82 (Repräsentation) bewegen.
- sämtliche KFS-Elemente keine Zusammenhänge mit *Aufgabenorientierung* aus dem LBDQ aufweisen.
- mit Ausnahme der Transparenz mittlere signifikante Zusammenhänge mit Transaktionaler Führung (MLQ) bestehen.
- hochsignifikante Zusammenhänge mit Transformationaler Führung (MLQ) bestehen, die sich zwischen r = .61 (Zielorientierte Kontrolle) und r = .76 (Repräsentation) bewegen.

Der Zusammenhang des KFS mit Zufriedenheit, Gesundheit, Leistungsbereitschaft
In Bezug auf die Zusammenhänge des KFS mit Zufriedenheit, Gesundheit und Leistung von Polizeibeamtinnen und Polizeibeamten zeigen sich.
- hohe signifikante Zusammenhänge mit Zufriedenheit (bis r = .47*** für Delegation) und Stressoren am Arbeitsplatz (bis r = -68*** für Transparenz).
- mittlere bis geringe und nur teilweise signifikante Korrelationen mit tieferliegenden bzw. komplexen Dimensionen wie Burnout (r = -.31** Leistungsbewertung, Transparenz) oder Psychischer Erschöpfung (negativ).
- erhebliche differenzierte Zusammenhänge mit der leistungsnahen Variable Engagement (bis r = .39*** für Kontrolle) und keine mit der Allgemeinen Arbeitsmotivation und Organisational Citizenship Behavior (OCB).

Der Einfluss des KFS auf Zufriedenheit, Gesundheit und Leistungsbereitschaft
Eine regressionsanalytische Betrachtung (Einschlussmethode) zeigt, dass die sechs Systemelemente gemeinsam zwischen 16% (Burnout) und 54% (Stressoren am Arbeitsplatz) der Unterschiede bei den Zielgrößen bewirken. Gleichzeitig lässt sich feststellen, dass bestimmte Dimensionen des KFS spezifische abhängige Variablen be-

einflussen. So bewirken beispielsweise hohe Ausprägungen von Delegation und Zielorientierter Kontrolle eine hohe Arbeitszufriedenheit, während ein hohes Ausmaß an Transparenz Stressoren am Arbeitsplatz und Burnout entgegenwirkt.

3. Diskussion der Ergebnisse und Fazit

In der hier vorliegenden Stichprobe zeigt sich, dass die Belastungsfaktoren im Durchschnitt niedrig, die Zufriedenheits- und Motivationsaspekte hoch ausgeprägt sind. Dies entspricht hinsichtlich der Arbeitsbelastung nicht den Ergebnissen aus der großangelegten Studie von Kleiber und Renneberg in der Berliner Polizei (2017, S. 13), in Bezug auf die Zufriedenheits- und Motivationsaspekte durchaus. Beim Vergleich der Einschätzung zur Führung in der Polizei weisen die Resultate beider Studien leicht positive Ausprägungen auf (vgl. Kleiber & Renneberg, 2017, S. 48).

Die hohen Interkorrelationen zwischen den KFS-Elementen belegen eine übergeordnete gemeinsame Dimension, die als kooperative Führung bezeichnet werden kann. Damit erfahren die sechs Systemelemente des KFS eine statistische Bestätigung, gemeinsam die Kooperative Führung in der Polizei zu repräsentieren. Eine Überprüfung der von Fischbach et al. (2017) formulierten dreifaktoriellen Struktur bestätigte sich nicht. Die einfaktorielle Lösung spricht für die eine übergeordnete gemeinsame Dimension der Kooperativen Führung.

Zusammenfassend lässt sich feststellen, dass das KFS die in zahlreichen Studien ermittelten positiven Wirkungen von Mitarbeiterorientierter und Transformationaler Führung wegen der Nähe des Konzepts zu den Konstrukten auch für sich beanspruchen kann und damit die getroffenen Annahmen bestätigt werden.

Die hierzu durchgeführten Korrelations- und Regressionsanalysen weisen die erwarteten positiven Zusammenhänge mit Zufriedenheit und negativen zu gesundheitsgefährdenden Dimensionen auf, womit die grundlegenden Annahmen bestätigt werden. Allerdings zeigen die hohen Zusammenhänge mit Zufriedenheit und die teilweise niedrigen Werte zu tieferliegenden bzw. komplexen Dimensionen wie Burnout oder Psychischer Erschöpfung auch die Grenzen der Beeinflussbarkeit durch die Mitarbeitendenführung.

Zusätzlich lässt sich zeigen, dass hohe Ausprägungen bei einzelnen Elementen des KFS mit einem hohen Arbeitsengagement einhergehen (Korrelation) bzw. es bewirken (Regression). Diese statistischen Maße bedeuten konkret, dass Führungskräfte, die eine kooperative zielorientierte Kontrolle ausüben und in der Lage sind, zu delegieren und zu beteiligen, eine höhere berufliche Erfüllung und Identifikation mit der Arbeit bewirken.

Literatur: Die Literatur kann beim Autor angefordert werden

Arbeitskreis 26 – Ergänzung
Mobilität, Transport und Verkehr
Leitung: Tanja Nagel & Jochen Lau

Julia Hoppe, Henrik Habenicht, Tobias Ruttke, Tanja Nagel, Marita Menzel, Hansjörg Hagels & Rüdiger Trimpop
Gefährdungsbeurteilung der organisationalen Mobilität von Auszubildenden und dualen Studierenden eines großen Pharmaunternehmens

Beiträge im Workshopband 2020

Ufuk Altun, Catharina Stahn & Nora Johanna Schüth
Ganzheitliche Gestaltung mobiler Arbeit
(Seite 443)

Tanja Nagel, Henrik Habenicht, Julia Hoppe, Rüdiger Trimpop, Jochen Lau & Kay Schulte
Organisationale Mobilität von Lkw-Fahrenden: Empirische Befunde zu Gefährdungen und Kompetenzen (GUROM)
(Seite 447)

Martin Templer
Evaluation mit dem CIPP-Modell: Ergebnisse im DGUV-Forschungsprojekt BestMobil
(Seite 451)

Julia Hoppe[1], Henrik Habenicht[1], Tobias Ruttke[1], Tanja Nagel[2], Marita Menzel[2], Hansjörg Hagels[3], Rüdiger Trimpop[1]

[1]Friedrich-Schiller-Universität Jena, [2]Deutscher Verkehrssicherheitsrat,
[3]Boehringer Ingelheim Pharma GmbH & Co.KG

Gefährdungsbeurteilung der organisationalen Mobilität von Auszubildenden und dualen Studierenden eines großen Pharmaunternehmens

1. Verkehrssicherheit von Auszubildenden und dualen Studierenden

Berufsbedingte Wege stellen einen erheblichen Gefahrenschwerpunkt für Studierende sowie Auszubildende dar. Dies liegt zunächst daran, dass die berufsbedingte Mobilität generell ein bedeutsames Unfallrisiko darstellt: So verzeichnete die DGUV (2020) für das Jahr 2019 knapp 190.000 meldepflichtige Wegeunfälle, also Unfälle auf dem Hin- oder Rückweg zur und von der Arbeit, oder auf Wegen, die im Rahmen der Arbeit selbst zurückgelegt werden. Damit machen Wegeunfälle ca. 18 % aller meldepflichtigen Arbeitsunfälle aus. Allerdings nehmen diese häufig einen besonders schweren Verlauf. So waren im gesamten Zuständigkeitsbereich der DGUV mit 310 Unfällen knapp 40 % aller tödlichen Arbeitsunfälle Wegeunfälle.

Zusätzlich kommen bei jungen Menschen spezifische Unfallursachen besonders zum Tragen. So geraten sie durch ihre geringe Erfahrung im Straßenverkehr eher in gefährliche Situationen *("Anfängerrisiko")*. Darüber hinaus tragen Jüngere ein entwicklungsbedingtes sog. *Jugendlichkeitsrisiko,* welches beispielsweise durch eine generell erhöhte Risikobereitschaft gekennzeichnet ist (siehe z. B. Duell et al., 2018). Darüber hinaus sind sie häufiger als schwächere Verkehrsteilnehmer unterwegs: Rund ein Viertel aller Verunglückten zwischen 18 und 24 Jahren war 2019 mit dem Kraft- oder Fahrrad unterwegs (Statistisches Bundesamt, 2020). Insgesamt äußern sich die genannten Faktoren darin, dass 18- bis 24-jährige Verkehrsteilnehmer im Vergleich zur Gesamtbevölkerung mit knapp 1.000 Unfällen je 100.000 Einwohner eine mehr als doppelt so hohe Unfallwahrscheinlichkeit im Straßenverkehr haben (Statistisches Bundesamt, 2020).

Zuständig für die Mobilitätssicherheit der Beschäftigten sind die Arbeitsschutzakteure des jeweiligen Unternehmens. Zentrales Instrument dabei ist die Gefährdungsbeurteilung. Diese wird zwar in ca. 98 % der Großunternehmen durchgeführt (Nöllenheidt & Brenscheid, 2016), häufig fehlt darin jedoch die Analyse und Bewertung der mobilitätsbezogenen Gefahren (Trimpop & Gericke, 2014).

2. Gefährdungsanalyse der Mobilität von Auszubildenden und dualen Studierenden (GUROM)

Um die mobilitätsbezogene Gefährdungsbeurteilung zu erleichtern, wurde – getragen durch den Deutschen Verkehrssicherheitsrat sowie die österreichische Allgemeine Unfallversicherungsanstalt und umgesetzt durch die FSU Jena – das Tool GUROM entwickelt. Als Online-Instrument stellt GUROM einen Fragebogen zur Verfügung, mit dem in adaptiver Weise die Gefährdungsbereiche aus den Faktoren Technik, Organisation, Person und Situation umfassend erhoben und ausgewertet werden können. Die Ergebnisse werden anschließend in Form eines detaillierten Berichts an die betrieblichen Akteure zurückgemeldet.

2.1 Methode und Stichprobe

Für die hier berichtete Studie wurde durch ein multidisziplinäres Team ein spezifisches GUROM-Modul für Auszubildende, duale Studierende sowie Sekundarschüler entwickelt. Dieses umfasst insgesamt mehrere hundert Variablen und wurde bei einem großen deutschen Pharmaunternehmen erstmals eingesetzt, um dort Schwerpunkte in Belastungen, Beanspruchung und Gefährdungen der Zielgruppen zu identifizieren.

Es wurden Angaben von 307 Auszubildenden sowie dualen Studierenden aus drei Unternehmensstandorten in Deutschland analysiert (55 % weibl., 29 % männl., 16 % k.A; Ø-Alter = 20,7 Jahre). Die Erhebung fand von Dezember 2020 bis Februar 2021 statt. Im Folgenden werden exemplarische Ergebnisse mit hoher Relevanz für Forschung und betriebliche Akteure dargestellt. Die berichteten Variablen wurden mittels 5-stufiger Likertskalen erhoben, je nach Inhalt des Items als Häufigkeiten oder Zustimmungswerte. Die Angaben zu den Gefährdungen wurden jeweils mindestens im übergeordneten *Screeningteil* der Befragung erhoben, optional konnten die Teilnehmenden zusätzlich spezifischere *Detailfragen* beantworten.

2.2 Ergebnisse

Bei allen Beteiligten zeigte sich der Expositionsschwerpunkt in den Arbeitswegen, nur wenige Auszubildende haben zusätzlich dienstliche Wege und Fahrten. Das meistgenannte Verkehrsmittel für die Arbeitswege (Mehrfachnennungen möglich) war der Pkw (90 % der Teilnehmenden), gefolgt von öffentlichen Verkehrsmitteln (33 %) und dem Fahrrad (25 %). Rund 25 % der Teilnehmenden gaben an, seit Ausbildungsbeginn bereits mindestens einen Verkehrsunfall erlitten zu haben, davon geschahen etwa die Hälfte auf privaten Wegen.

Arbeitswege zu Fuß: Fußwege, welche alle Teilnehmenden zurücklegten, wurden von 70 % der Teilnehmenden mit Dauern zwischen 2 und 15 Minuten angegeben.

Bezüglich der Fußwege gaben lediglich 33% der Teilnehmenden an, „häufig" oder „sehr häufig" sicherheitsgerechte Kleidung zu tragen. 37% derjenigen, die Detailfragen zu diesen Wegen beantworteten, berichteten, dass sie „häufig" oder „sehr häufig" viele Treppen zu bewältigen haben. Ein Drittel der Antwortenden gab an, „teilweise" bis „sehr häufig" müde zu sein (siehe Abb. 1).

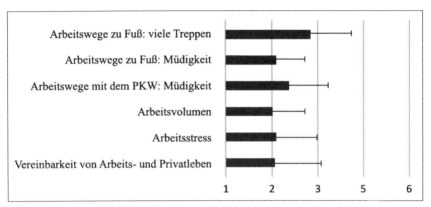

Abbildung 1. Mittelwerte und Standardabweichungen ausgewählter Variablen der Gefährdungsbeurteilung (1 = nie; 5 = sehr häufig)

Arbeitswege mit dem PKW: Die Länge der Arbeitswege mit dem PKW wurde von 89% der Teilnehmenden zwischen 0 bis 49 km angegeben. Bei diesen Fahrten gaben in den *Detailfragen* 50% der Teilnehmenden an, „häufig" oder „sehr häufig" gefährliche Kreuzungen zu befahren. 61% berichteten zudem zumindest „teilweise" oder häufiger gefährliche Kurven zu passieren. 54% gaben an, „teilweise" bis „häufig" auf diesen Wegen müde zu sein, etwa ein Drittel erleben auf diesen Wegen „teilweise" oder häufiger Stress.

Arbeitswege mit öffentlichen Verkehrsmitteln: Bezüglich der Arbeitswege mit öffentlichen Verkehrsmitteln fällt auf, dass rund die Hälfte der Teilnehmenden berichtete, auf diesen Wegen „teilweise" oder häufiger gestresst zu sein. Jeweils etwa 50 bis 65% Teilnehmenden gaben an, „häufig" bis „sehr häufig" überfüllte Verkehrsmittel und Haltestellen, Verspätungen sowie schlechte räumlich-klimatische Bedingungen zu erleben.

Arbeitswege mit dem Fahrrad: Von den Fahrradfahrenden gaben 19% an, „häufig" bis „sehr häufig" gefährliche Streckenanteile zurückzulegen. Am deutlichsten war die „Gefährdung durch das Verhalten Anderer" ausgeprägt.

Arbeitsstress: Zusätzlich zum wegebedingten Stress berichteten gut ein Drittel der Teilnehmenden, „teilweise" oder häufiger bei der Arbeit Stress zu empfinden.

3. Fazit und Diskussion

Zwar unterliegen die selbstberichteten Angaben möglicherweise subjektiven Verzerrungen, insbesondere z. B. durch den Einfluss der Covid-19-Pandemie auf die Arbeits- und Wegemuster im Erhebungszeitraum. Dennoch verdeutlicht diese – erstmalig in Deutschland in diesem Ausmaß durchgeführte – Erhebung die hohe Bedeutung der Mobilitätssicherheit im Arbeitsschutz bei jungen Beschäftigten.

Auffallend ist insbesondere das Auftreten von Müdigkeit auf den Wegen. In Kombination mit den berichteten Schwierigkeiten bei der Vereinbarkeit von Arbeits- und Privatleben zeigt sich, dass hier übergreifende Interventionskonzepte entwickelt werden sollten, welche die vielfältigen Interaktionen von privaten, beruflichen und schulischen Faktoren berücksichtigen und optimieren. Zudem sollte die Exposition der gefahrenträchtigsten Wegearten möglichst minimiert werden. Auch berufliches sowie privates Stressmanagement stellen vielversprechende Ansätze dar, insbesondere für diejenigen jungen Beschäftigten, die Arbeitswege mit öffentlichen Verkehrsmitteln zurücklegen.

Berücksichtigt werden sollte dabei, dass in der untersuchten Altersgruppe der Grundstein für die Arbeitssicherheit für das gesamte Berufsleben gelegt wird. Dadurch ist eine ganzheitliche Betrachtung der Gefährdungen, welche die Mobilität sowie auch psychische Belastungen gezielt in integriert, hochgradig fruchtbar für die zukünftige Sicherheit und Gesundheit der Auszubildenden und dualen Studierenden.

Literatur

DGUV. (2020). *Statistik Arbeitsunfallgeschehen 2019*. Zugriff am 20.02.2021 unter: https://publikationen.dguv.de/widgets/pdf/download/article/3893

Duell, N., Steinberg, L., Icenogle, G., Chein, J., Chaudhary, N., Di Giunta, L., ... & Chang, L. (2018). Age patterns in risk taking across the world. *Journal of youth and adolescence, 47*(5), 1052–1072.

Nöllenheidt, C. & Brenscheidt, S. (2016). *Arbeitswelt im Wandel: Zahlen – Daten – Fakten. Ausgabe 2016*. Dortmund: Bundesanstalt für Arbeitsschutz und Arbeitsmedizin.

Statistisches Bundesamt. (2020). *Verkehrsunfälle – Unfälle von 18- bis 24-jährigen im Straßenverkehr 2019*. Zugriff am 20.02.2021 unter: https://www.destatis.de/DE/Themen/Gesellschaft-Umwelt/Verkehrsunfaelle/Publikationen/Downloads-Verkehrsunfaelle/unfaelle-18-bis-24-jaehrigen-5462406197004.pdf

Trimpop, R. & Gericke, G. (2014). Verkehrssicherheit in die Gefährdungsbeurteilung implementieren. *DVR Schriftenreihe Verkehrssicherheit (14)*, 73–101

Arbeitskreis 29
Corona-Pandemie 1:
Unterstützung, Beratung, Aufsicht

Leitung: Friedhelm Nachreiner

Maik Holtz, Frank Birkenhauer, Alexander Blum,
Vera Hagemann & Mark Overhagen
**Analysetool für die Teamperformance in
Krisenstäben**

Friedhelm Nachreiner
**Arbeitsschutz nach Art der Bundesrepublik Deutschland:
Teil 2 – das Beispiel
der COVID-19-Arbeitszeitverordnung**

Katharina Schneider, Claudia Schmeink & Kathrin Reinke
**Herausforderung Home-Office:
Eine Untersuchung zu unterstützenden Einstellungen
und Strategien für die Grenzgestaltung,
Work-Life Balance und Erholung von Beschäftigten
während einer Pandemie**

Bettina Splittgerber & Claudia Flake
**Aufsichtshandeln der hessischen Arbeitsschutzbehörde
während der Corona-Pandemie**

Maik Holtz[1], Frank Birkenhauer[2], Alexander Blum[3],
Vera Hagemann[4] & Mark Overhagen[5]
[1]*Feuerwehr Köln,* [2]*TU Kaiserslautern,* [3]*RTWH Aachen,* [4]*Universität Bremen,*
[5]*Dozent Akademie für Krisenmanagement, Notfallplanung und Zivilschutz (AKNZ)*

Analysetool für die Teamperformance in Krisenstäben

1. Die Coronapandemie erfordert Stabsarbeit vieler Zuständigkeitsbereiche

Das Coronavirus hat sich weltweit rasant ausgebreitet und Deutschland in eine beispiellose Krise gestürzt. Betroffen sind nahezu alle Zuständigkeitsbereiche der Gesellschaft wie Behörden, Krankenhäuser oder Wirtschaftsunternehmen.

Die Zuständigkeitsbereiche haben eigene Krisenstäbe eingerichtet als Kompetenz-, Entscheidungs- oder Beratungsteams und unterstützen die Führung bei wichtigen Entscheidungen in dieser Situation (Hofinger & Heinann, 2016). Da das Stresslevel in Krisenstäben üblicherweise hoch ist, ist eine gute Zusammenarbeit zwischen Personen oder Gruppen entscheidend über den Erfolg oder Misserfolg eines Krisenstabes. Der Personenkreis in einem Krisenstab arbeitet zum Einen in dieser Konstellation selten zusammen, zum Anderen nicht mit einer alltäglichen Rollen- und Aufgabenverteilung.

2. Fehlende Mentale Modelle im Team

Ein Vergleich von Berufsgruppen mit Stabserfahrung sowie ohne Stabserfahrungen untereinander und zueinander zeigten, dass sie kooperierend bei einer Stabslage unterschiedlich verschieden hohe Ausprägungen adaptiver Verhaltensweisen aufwiesen (Holtz et al., 2020). Bspw. führen differente Ausprägungen des Aspektes „Hierarchie Followership" dazu, dass Anweisungen von Vorgesetzten bei Bedarf von Rangniedrigen nicht mehr hinterfragt/korrigiert werden. Die Nicht-Anwendung von ergebnisförderlichen Teamverhaltensweisen durch ein zu hohes Erregungsniveau des Akteurs oder/und durch ein fehlendes gemeinsames mentales Modell der Teamarbeit wirkt sich negativ auf den Teamarbeitsprozess im Stab aus. Somit ist es wichtig, dass die Teammitglieder ein gemeinsames Modell der Teamarbeit teilen (Mathieu et al., 2005), um die Bedürfnisse und Handlungen anderer Teammitglieder zu antizipieren, um effizienter nach Informationen zu suchen, Hinweise in ihrer Umgebung gemeinsam zu interpretieren und um Lösungen für auftretende Probleme auszuhandeln (Cannon-Bowers, Salas & Converse, 1993). Das hier zur Studie angewandte Team Expert Model (Smith-Jentsch, Zeisig, Acton & McPherson, 1998) stellt ein

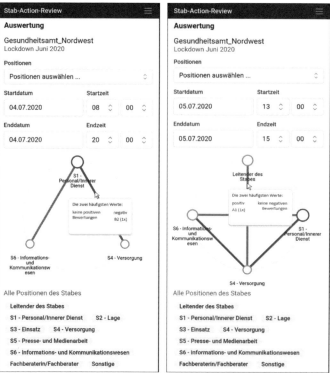

Abb.1: Lernerfolge werden durch eine regelmäßige Benutzung (Action-Learning-Perspektive) sichtbar. Nach erfolgter Intervention nach der letzten Lagebesprechung zwischen S1 und S4 wurde am Folgetag die Position nicht mehr angezeigt. Die Analysegerbnisse können autark durch den Leitenden des Stabes anonymisiert abgerufen werden. Die Ergebnisse sind passwortgeschützt und für Dritte nicht einsehbar (Abb. Testaccount). Rechtes Bild: positive Teamverhaltensweisen aus dem Experten Model.

Modell der Teamarbeit dar, welches gemeinsam innerhalb von Teams angewendet werden kann. Es beschreibt in 11 Kategorien unterteilt in 4 Dimensionen die Verhaltensweisen von Teamarbeit (Abb. 1, rechtes Bild).

3. Wie kann die Teamarbeit im eigenen Stab verbessert werden?

Einberufende Stäbe arbeiten im Idealfall nach den vorgegebenen Regeln ihrer Zuständigkeitsbereiche. Die Interaktion aller Akteure innerhalb ihrer einzelnen Sachgebiete sowie den Übergreifenden ist gerade in der Anfangsphase und bei Situationsänderungen sehr dynamisch. Regelmäßig stattfindende Lagebesprechungen sollen das Lagebild widerspiegeln, um Zielführende operativ-taktische Maßnahmen zu planen und deren Umsetzung zu steuern. Während den Umsetzungsphasen zwischen den Lagebesprechungen können die Akteure wichtige Teamverhaltensweisen vernachlässigen. Die Oberfläche des SAR ermöglicht dem Akteur, impulsgesteuert für ihn fehlende oder positiv auffallende Verhaltensweisen in Echtzeit zu kommunizieren. Für die Leitung des Stabes ergibt sich bei der Auswertung seines Stabes ein Lagebild der Teamperformance in Echtzeit in einer übersichtlichen Auswertungsgrafik. Wenn nötig kann er spezifische Teaminterventionen zur Lagebesprechung einleiten (Abbildung 1). Da die Lagebesprechungen und Arbeitsphasen wiederkehrend sind, können die Teamverhaltensweisen positiv beeinflusst werden. Die Methode des Action Learning beschreibt ein handlungsorientiertes Lernen. Die einzelnen Akteure melden ihre Bedürfnisse im vorgegebenen Rahmen des gemeinsam geteilten Modells der Teamarbeit. Der Lerneffekt befriedigt damit einerseits die Bedarfe der Organisation mit effizienten und korrekten Arbeitsergebnissen. Andererseits entwickeln sich die Akteure und (Sach-) Gruppen weiter.

4. Methodisches Vorgehen und Design

Das Stab-Action-Review (SAR) ist eine wissenschaftliche anonymisierte webbasierte Umfrage mit Analysefunktion zur Teamarbeit im eigenen Stab. Mit der webbasierten Applikation über die URL https://stab-action-review.com/wird den Teilnehmenden eine Oberfläche angeboten, die zur dauerhaften Anwendung genutzt werden kann. Der Leitende des Krisenstabes kann sich mit einem Pseudonym oder seiner persönlichen E-Mail-Adresse anmelden und konfiguriert seinen Krisenstab. Sobald der Krisenstab konfiguriert ist, wird automatisch ein Zugangscode ausschließlich für den angelegten Stab und die Mitarbeiter-Feedbacks generiert. Wird dieser Code durch den Leitenden des Stabes an die Mitarbeitenden weitergeben, können diese jederzeit positive wie negative Meldungen zur Teamarbeit z. B. über ihr Smartphone abgeben. Zudem ist eine Teilnahme als Gast möglich. Hier können Mitarbeitende von Stäben ihre Stabserfahrungen im Bereich der Teamverhaltensweisen angeben.

Das SAR ist eine Methode, die individuelle und organisationale Lernzyklen in der Action-Learning-Perspektive nach Pawlowski (2019) integriert. Mit der Datenauswertung sollen folgende Fragen beantwortet werden:

Wie werden aktuelle Stabslagen derzeit von Mitarbeitenden in Krisen-(Stäben) verschiedener Zuständigkeitsbereiche bzgl. der Teamarbeitsverhaltensweisen wahrgenommen und was können Behörden mit Sicherheitsaufgaben (BOS) aus deren Erfahrungen für die Zukunft lernen?

Konnte aufgrund des angebotenen Modell der Teamarbeit und dessen Anwendung eine verbesserte Performance der Teamarbeit im Stab im zeitlichen Verlauf erreicht werden?

5. Technische Umsetzung

Als Datenbank wird eine MongoDB als nicht NoSQL Datenbank verwendet mit dem Standort in Deutschland, um den nötigen Datensicherheitsbestimmungen Rechnung zu tragen. Das Frontend wurde mit Next.js sowie React – das Backend mit Next.js programmiert. Die Daten vom Client zum Server werden sicher via Hyper Text Transfer Protocol Secure übertragen. Der Zugang zur Auswertungsgrafik ist ausschließlich durch den Ersteller des Krisenstabs über ein Login möglich. Zur Verschlüsselung angelegter Stäbe für die Feedbackgeber werden Codes sind mit der Länge 6, Kleinbuchstaben und Zahlen automatisch generiert.

6. Ausblick

Seit Ende April 2020 ist das Stab-Action-Review als Entscheidungshilfe bei operativ-taktischen Maßnahmen in Krisenstäben online verfügbar. Bis Februar 2021 konnten 300 Logins gezählt werden. 31 Stäbe verschiedener Zuständigkeitsbereiche wurden angelegt. Die hier vorgestellte Methode stellt eine Neuerung im Bereich der Detektion von Teamperformance in Echtzeit mit Hilfe einer web-basierten Oberfläche dar. Ob in späteren Versionen die Möglichkeit zur Detektion auch KI-gestützte Prognosen gegeben ist, bleibt abzuwarten.

Literatur

Cannon-Bowers, J. A., Salas, E. & Converse, S. A. (1993). Shared mental models in expert team decision making. In N. J. Castellan, Jr. (Ed.), Current issues in individual and group decision making (pp. 221–246). Hillsdale, NJ: Lawrence Erlbaum.

Hofinger, G. & Heimann, R. (Hg.) (2016). Handbuch Stabsarbeit. Führungs- und Krisenstäbe in Einsatzorganisationen, Behörden und Unternehmen. Heidelberg u.a.: Springer.

Holtz, M., Hagemann, V., Freywald, J., Peifer, C. & Miller, C. (2020). Teamarbeit in Stabslagen – Detektion von Störursachen verschiedener Berufsgruppen. In R. Trimpop, A. Fischbach, I. Seliger, A. Lynnyk, N. Kleineidam & A. Große-Jäger (Hrsg.), Psychologie der Arbeitssicherheit und Gesundheit. Gewalt in der Arbeit verhüten und die Zukunft gesundheitsförderlich gestalten! Tagungsband 21. PASiG Workshop 2020 (S. 591–594). Kröning: Asanger.

Mathieu, J. E., Heffner, T. S., Goodwin, G. F., Cannon-Bowers, J. A. & Salas, E. (2005). Scaling the quality of teammates' mental models: Equifinality and normative comparisons. Journal of Organizational Behavior, 26, 37–56.

Pawlowsky, Peter (2019). Wissensmanagement. Berlin: De Gruyter Oldenbourg

Smith-Jentsch, K. A., Zeisig, R. L., Acton, B. & McPherson, J. A. (1998). Team dimensional training: A strategy for guided team self-correction. In J. A. Cannon-Bowers & E. Salas (Eds.), Making decisions under stress: Implications for individual and team training (p. 271–297). American Psychological Association.

Friedhelm Nachreiner
Gesellschaft für Arbeits-, Wirtschafts- und Organisationspsychologische Forschung e.V., Oldenburg

Arbeitsschutz nach Art der Bundesrepublik Deutschland: Teil 2 – das Beispiel der COVID-19-Arbeitszeitverordnung

1. Hintergrund und Fragestellung

Wie wir in Teil 1 dieses Beitrags (Nachreiner 2020) am Beispiel der Offshore-ArbZV gezeigt haben ist das BMAS bereit, Arbeitsschutzvorgaben des ArbZG auf dem Verordnungswege zu Gunsten anderer Interessen zu opfern und die Effekte solcher Absenkungen des Arbeitsschutzniveaus mit zweifelhaften Evaluationsstudien absichern zu lassen. Im April 2020 hat das BMAS gemeinsam mit dem BMG die (vom 10.04.2020 bis zum 30.06.2020, mit Nachwirkungen bis zum 31.07.2020) zeitlich begrenzt gültige COVID-19-ArbZV erlassen. Ziel dieser Verordnung war die Bewältigung der Corona-Krise im Hinblick auf die gesundheitliche wie die allgemeine Versorgung der Bevölkerung – als Reaktion auf eine befürchtete Überforderung des bestehenden Gesundheitssystems. Ziel war die Bereitstellung zusätzlicher personeller Ressourcen durch Verlängerung der Arbeits- und Verkürzung der Ruhezeit der bestehenden personellen Ressourcen.

Das BMAS ist dabei wieder einem kurzsichtigen, rein ökonomischen und sehr eingeschränkten Ansatz gefolgt, bei dem Arbeitszeiten mit den Laufzeiten von Maschinen gleichgesetzt werden, ein Ansatz, der übersieht, dass es sich hier nicht um mechanische, sondern um menschliche Leistungserbringung handelt, und man damit nicht erfolgreich sein kann, wie vorliegende arbeitswissenschaftliche Erkenntnisse aus Wissenschaft und Praxis, und hier auch aus Krisensituationen, belegen.

Die Verordnung erlaubte und legitimierte für ihren Geltungszeitraum u. a. folgende Abweichungen vom Arbeitszeitgesetz (ArbZG):

- die Ausdehnung der täglichen Arbeitszeit von 8 auf 12 Stunden
- die Ausdehnung der wöchentlichen Arbeitszeit von 48 auf 60 Stunden, wobei diese 60 Stunden eine Sollvorgabe (und keinen Grenzwert) darstellten, die bei Bedarf zeitlich unbegrenzt überschritten werden konnte
- die Ausweitung der Ausgleichszeiten für diese Mehrarbeit über die im ArbZG vorgesehenen Zeiträume hinaus
- die Reduzierung der täglichen Ruhezeit von 11 auf 9 Stunden, bei einem Ausgleichszeitraum von 4 Wochen

- Sonntagsarbeit, mit der Möglichkeit der Verschiebung des arbeitsfreien Sonntags, womit die wöchentliche Ruhezeit (ggf. sogar über einen längeren Zeitraum) entfallen kann, mit einem Ausgleichszeitraum von 8 Wochen, bzw. bis zum 31.07.2020, also einen Monat nach Auslaufen der Verordnung

Die damit gegebenen Möglichkeiten zur Ausdehnung und Massierung der Arbeitszeit widersprechen dem Grundsatz, dass einer zu erwartenden Steigerung der Belastungsintensität über die Regulationsgrenzen des jeweiligen (Sub-)systems hinaus mit einer Reduzierung der Extensität (der zeitlichen Struktur) der Belastungseinwirkung zu begegnen ist, um aversive Beanspruchungsfolgen (Fehlhandlungen, Unfälle, gesundheitliche und soziale Beeinträchtigungen) zu vermeiden. Hinzu kommt in diesem speziellen Fall, dass mit den aversiven Konsequenzen für die direkt Betroffenen nach den vorliegenden Erkenntnissen auch Erhöhungen des Risikos für Dritte, z.B. als Patienten- und Versorgungssicherheit, zu erwarten sind.

Dass mit der Verordnung Risikoerhöhungen in den genannten Bereichen verbunden sind, ist demnach zu erwarten. Die Frage ist allerdings, in welchem Ausmaß diese Risikoerhöhungen zu erwarten sind, welche Absenkungen des Arbeitsschutzniveaus damit verbunden sind und ob die Verordnung daher noch mit dem grundgesetzlich gebotenen Grundsatz der Beeinträchtigungsfreiheit vereinbar ist.

2. Methoden

Valide Ergebnisse zur Umsetzung der Verordnung und den dabei erzielten Effekte liegen bis heute nicht vor und es erscheint fraglich, ob sie je vorliegen werden, da die Verordnung selbst keine Auflagen zur Dokumentation der Umsetzung und ihrer Ergebnisse enthielt. Zur Überprüfung dieser Fragestellung haben wir daher, wie in Teil 1 dieses Beitrags, dieselben rechnergestützte Bewertungsmodelle eingesetzt. Mit Hilfe des XIMES-Risikorechners wurde das relative Unfallrisiko eines Arbeitszeitsystems im Vergleich zu einem Normalarbeitszeitsystem ermittelt, mit BASS 5 Risiken gesundheitlicher und sozialer Beeinträchtigungen. Analysiert wurden konstruierte Arbeitszeitmodelle, wie sie nach der Verordnung zulässig waren, d.h. mit einer täglichen Arbeitszeit von 12h, einer 45min Pause in der Mitte der Schicht und einer Ruhezeit von 11h bzw. 9h zwischen den Schichten. Bei den 11h Ruhezeiten wurden Tag- und Nachtarbeitssysteme analysiert, bei den Systemen mit 9h Ruhezeiten eine kontinuierliche kurze Rückwärtsrotation unter Einschluss von Tag- und Nachtarbeitsanteilen (dies führte gelegentlich zu zwei Schichtbeginnen an einem Tag, was Probleme bei der Bestimmung der täglichen Arbeitszeit aufwirft). Bei allen Systemen wurden Systeme mit unterschiedlicher Zykluslänge analysiert, um den Verlauf der Risikoentwicklung abschätzen zu können. Ob diese Systeme in der Praxis je verfahren wurden, ist nicht bekannt, hier aber auch nicht von Bedeutung, weil es hier um die durch den Verordnungsgeber maximal zugelassenen Risikoerhöhungen (und damit die Absenkung des Arbeitsschutzniveaus) geht.

Beide Beurteilungssysteme beurteilen die Risiken lediglich anhand der Zeitstruktur der Belastungseinwirkung, ohne Berücksichtigung der Intensität der Belastung oder ihrer Dynamik im Zeitverlauf oder der damit verbundenen Wechselwirkungen. Die resultierenden Schätzungen sind daher als ausgesprochen konservativ zu beurteilen.

3. Ergebnisse

Alle durchgeführten Analysen aller Arbeitszeitsysteme zeigen die erwarteten substantiellen Risikoerhöhungen in allen analysierten Bereichen: Sicherheit, Gesundheit und soziale Teilhabe. Eine detaillierte Darstellung der Ergebnisse ist hier aus Raumgründen nicht möglich, für eine umfangreichere Darstellung incl. Abbildungen verweisen wir auf zugehörige Foliensätze auf der homepage der GAWO (https://www.gawo-ev.de/cms2/index.php?page=vortraege) bzw. auf eine in Kürze erscheinende Veröffentlichung zu diesem Thema (Nachreiner, in Vorbereitung).

Zusammenfassend kann hier nur berichtet werden, dass sich bereits bei den Ausdehnungen der tägl. Arbeitszeit auf 12h und unter Einhaltung einer Mindestruhezeit von 11h schichtbezogene Risikoerhöhungen je nach Lage der Arbeitszeit ab der ersten Schicht (von 127%) bis zu > 1.000% bei Tagarbeit und > 3.000%, also dem mehr als 30-fachen Unfallrisiko im Vergleich zu einem Normalarbeitszeitsystem, bei Nachtarbeit ergeben, wobei es sich wegen der Rückkopplungsprozesse bei Ermüdung und Erholung jeweils um exponentielle Anstiege handelt. Reduziert man die Ruhezeiten auf 9h, ergeben sich vergleichbare Anstiege wie bei dem oben angeführten Nachtarbeitssystem, mit deutlich stärkeren Anstiegen in den Bereichen mit Nachtarbeit. Auch hier wird nach 28 Tagen ein ca. 30-faches Unfallrisiko erreicht. Dabei ist anzumerken, dass der Risikorechner bei den analysierten Systemen an seine Grenzen stößt und die Ergebnisse für die letzten Tage innerhalb eines Schichtzyklus jeweils über eine exponentielle Trendschätzung berechnet werden mussten.

Auch bei den gesundheitlichen und den sozialen Beeinträchtigungen ergeben sich für die analysierten Arbeitszeitsysteme Risikoschätzungen, die die vom Rechner vorgesehenen Bandbreiten voll ausnutzen, etwa bei den sozialen Beeinträchtigungen, die für bestimmte Systeme mit an Sicherheit grenzender Wahrscheinlichkeit zu erwarten sind. So finden sich (je nach System) jeweils deutliche Erhöhungen der Wahrscheinlichkeit von Schlafstörungen oder der sozialen Beeinträchtigungen, in einem Ausmaß, das für Schichtsysteme nach den Vorgaben des ArbZG nicht mehr hinnehmbar wäre und zwingend Umgestaltungsmaßnahmen erfordern würde.

Hinzuweisen ist darauf, dass alle diese Schätzungen ohne Berücksichtigung der Intensität der Belastung modelliert wurden und damit konservative Schätzungen darstellen. Bei den narrativ berichteten Steigerungen der Intensität der Belastung, z. B. in Kliniken, sind damit weit höhere Risiken der Beeinträchtigung der Beschäftigten (wie der Patienten) zu erwarten.

4. Fazit

Betrachtet man die Ergebnisse im Zusammenhang, kann man die durch die Verordnung eröffneten Möglichkeiten nur als die im Prinzip nicht hinnehmbare, aber mit anderen Regelungen konsistente Aufgabe des Arbeits(zeit)Schutzes und den wahrscheinlich nicht folgenlosen Verzicht auf die einschlägiger arbeitswissenschaftlicher Erkenntnisse durch das zuständige Ministerium interpretieren. Eine Evaluation der Folgen der Verordnung wird wohl schon aus methodischen Gründen nicht möglich sein. Das scheint für das BMAS offensichtlich auch nicht bedeutsam, wie man einer jüngst vorgelegten Expertise zu den Wirkungen der Corona-Maßnahmen des BMAS entnehmen kann, dort wird die COVID-19-ArbZV auch gar nicht erwähnt.

Die Verordnung selbst ist zurzeit bereits nicht mehr gültig und kann daher keine direkten aversiven Konsequenzen mehr produzieren. Indirekte Effekte sind jedoch zu vermuten, da nach dem Auslaufen der Verordnung wesentliche Inhalte wie die Arbeitszeitverlängerung und der Verzicht auf Ruhezeiten in einigen Bundesländern, wie z.B. Niedersachsen, in Allgemeinverfügungen umgesetzt und weiter angewandt wurden, hier sogar mit dem Hinweis, dass in Krisenzeiten der individuelle Arbeitsschutz hinter dem Gemeinwohl zurückstehen müsse. Dem könnte man näher treten, wenn denn sichergestellt wäre, dass die angestrebten Ziele tatsächlich so erreichbar wären – was aber aus arbeitswissenschaftlicher Perspektive, z.B. im Hinblick auf die Patientensicherheit – nach den vorliegenden Ergebnissen nicht zu erwarten ist.

Bezieht man neben der Legislative auch die Exekutive, also die Überwachung der Umsetzung der normativen Vorgaben zur Arbeitszeit mit in die Betrachtung ein, kann man nur zu dem Schluss kommen, dass der Arbeits(zeit)Schutz in der BRD zurzeit keine bedeutende Rolle spielt.

Literatur
Nachreiner, F. (2020) Arbeitsschutz nach Art der BRD – am Beispiel der Offshore-Arbeitszeitverordnung, ihrer Evaluation und Umsetzung. In: Trimpop, R. et al. (Hrsg.) 21. Workshop Psychologie der Arbeitssicherheit und Gesundheit – Gewalt in der Arbeit verhüten und die Zukunft gesundheitsförderlich gestalten! 183–186. Kröning: Asanger
Nachreiner, F. (in Vorbereitung) Arbeits(zeit)schutz nach Art der BRD – am Beispiel der COVID-19-Arbeitszeitverordnung.
[weitere Literaturangaben beim Verfasser erhältlich]

Katharina Schneider[1], Claudia Schmeink[2] & Kathrin Reinke[1,3]
[1]Technische Universität Darmstadt,
[2]Hochschule Fresenius Wiesbaden, [3]Universität Kassel

Herausforderung Home-Office:
Eine Untersuchung zu unterstützenden Einstellungen und Strategien für die Grenzgestaltung, Work-Life Balance und Erholung von Beschäftigten während einer Pandemie

1. Ausgangslage und Motivation

Die aktuelle Corona-Pandemie führt zu radikalen Änderungen in unserer Lebens- und Arbeitswelt. Viele Unternehmen führten für die Beschäftigten – teilweise plötzlich und vollumfassend – das Arbeiten im Home-Office ein, während gleichzeitig die Kinder aufgrund von Schul- und Kitaschließungen zuhause betreut werden mussten. Zudem fehlten während des Lockdowns wichtige Erholungsmöglichkeiten, z. B. aufgrund eines reduzierten sozialen Lebens (Fisher et al., 2020; Kramer & Kramer, 2020). Beschäftigte stehen damit vor wesentlichen Herausforderungen, insbesondere der drastischen Vermischung der Grenzen von Arbeits- und Privatleben, die zu verstärkten Work-Life-Konflikten und damit einer verringerten Work-Life Balance und Erholung führen können.

Nach der Boundary Theory (Ashforth, Kreiner, & Fugate, 2000) können Menschen die Grenzen zwischen Arbeits- und Privatleben durchlässig oder weniger durchlässig gestalten. Durchlässige Grenzen weisen auf eine Integration, klare Grenzen auf eine Segmentation der beiden Lebensbereiche hin. Wichtige Faktoren, die die Gestaltung der Grenzen zwischen Arbeit- und Privatleben beeinflussen können, sind beispielsweise die Nutzung von Home-Office und berufsbezogenen mobilen Technologien.

Das „entgrenzte Arbeiten" (Pfeiffer, 2012), also die starke Vermischung der Grenzen von Arbeits- und Privatleben, wird in der Forschung als zweischneidiges Schwert gesehen: Auf der einen Seite trägt sie zu mehr Flexibilität bei und bietet Beschäftigten neue Möglichkeiten für Arbeitsweisen und Grenzgestaltung (z. B. Towers, Duxbury, Higgins, & Thomas, 2006). Auf der anderen Seite führt die Entgrenzung jedoch auch zu mehr Konflikten und erschwert besonders das mentale Abschalten von der Arbeit (z.B. Park, Fritz, & Jex, 2011). Dies ist wiederum ein zentraler Einflussfaktor für die Erholung und Gesundheit von Beschäftigten (Sonnentag & Fritz, 2015). Aktuelle Forschung zeigt, dass die bewusste und aktive Gestaltung der Grenzen von Arbeit und Privatleben mithilfe von Strategien, und in Übereinstimmung mit den eigenen Präferenzen, förderlich für Work-Life Balance und Erholung ist (z.B.

Gravador & Calleja, 2018). Bisher ist jedoch nur wenig über die Dynamiken der Grenzgestaltung während Krisensituationen wie der Corona-Pandemie, bekannt (Eby, Mitchell, & Zimmermann, 2016). Zudem lässt sich in solchen Krisen von erschwerten Bedingungen für die aktive Grenzgestaltung ausgehen.

Das Ziel der Studie ist es, zu untersuchen, wie und in welchem Ausmaß es Beschäftigten möglich war, die Grenzen zwischen Arbeit und Privatleben in Pandemiezeiten mit Hilfe von Strategien aktiv zu gestalten und welche Umstände und Einstellungen Unterstützungsfaktoren für ihre Grenzgestaltung, Work-Life-Balance und Erholung waren.

2. Methode und Ergebnisse

2.1 Stichprobe und Studiendesign

Eine quantitative Wochenbuchstudie wurde mit Online-Fragebögen an sechs aufeinanderfolgenden Wochen ab April 2020 durchgeführt. Vorab gab es eine t0-Messung. Über die sechs aufeinanderfolgenden Wochen nahmen 68 Befragte teil (n = 272). Die Befragten wurden über das Internet und Netzwerk der AutorInnen rekrutiert. 85 % der Befragten sind weiblich; das Durchschnittsalter liegt bei 40,1 Jahren und 82 % geben an, während der Corona-Krise mehr als 50 % der regulären Arbeitszeit im Home-Office zu arbeiten.

Im Fragebogen der t0-Messung sowie in den Wochenfragebögen wurden validierte Skalen zu Grenzgestaltung, Work-Life Balance und Erholung sowie den Lebens- und Arbeitsumständen der Befragten verwendet. Zusätzlich sollten die Befragten anhand von offenen Fragen über die sechs Wochen hinweg ihre Strategien der Grenzgestaltung reflektieren *("Was hat diese Woche (nicht) gut funktioniert, was war hilfreich?")* und für die kommende Woche planen *("Was möchten Sie sich für die nächste Woche vornehmen?")*. Um den Effekt der Zeit zu modellieren und die hierarchische Datenstruktur zu berücksichtigen, wurden Growth-Modeling Analysen mit den Variablen Work-Life- und Life-Work-Konflikt, Zufriedenheit mit der Work-Life Balance, Zufriedenheit mit der Grenzgestaltung sowie Erholung in R durchgeführt. Individuelle (Selbstwirksamkeit, Segmentierungspräferenz) und Umweltvariablen (Segmentierungsnorm des Unternehmens, Kinder) wurden als Level-2-Prädiktoren bzw. -Moderatoren in die Gleichung aufgenommen. Zudem wurden die offenen Reflexionsfragen qualitativ hinsichtlich der angewendeten Strategien ausgewertet.

2.2 Ergebnisse

Die Ergebnisse der Growth-Modeling Analysen zeigen einen negativ linearen Effekt der Zeit für Life-Work Konflikte (coef. = -.08, *p* < .001), einen marginal signifikanten, negativ linearen Effekt für Work-Life Konflikte

(coef. = -.04, $p < .10$) und einen marginal signifikanten, quadratischen Effekt für die Zufriedenheit mit der Work-Life Balance (umgekehrt u-förmig,
coef. = -.02, $p < .10$) (vgl. Abb. 1). Zudem wurde ein Moderationseffekt der Selbstwirksamkeit auf den linearen Verlauf der Work-Life Konflikte gefunden (coef. = -.22, $p < .001$). Effekte auf die Erholung und die Zufriedenheit mit der Grenzgestaltung sowie den weiteren Level-2-Prädiktoren und -Moderatoren zeigen sich nicht.

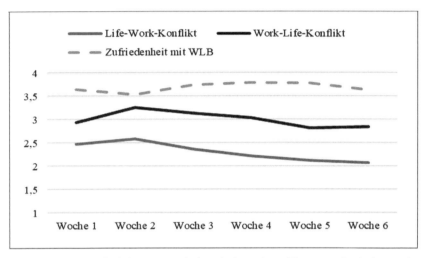

Abb. 1: Gemittelte Verlaufsdaten zu Work-Life und Life-Work-Konflikt sowie Zufriedenheit mit der Work-Life Balance über die sechs Wochen

Die Reflexionen zu den Strategien wurden von mindestens 87 % der wöchentlich Befragten genutzt. Die Befragten nutzten organisatorische sowie zeitliche Strategien, um Arbeit und Privatleben förderlich zu managen und möglicher Mehrarbeit sowie Ablenkungen entgegenzuwirken (z. B. mehrere kleine Zeiteinheiten mit klarem Fokus ausprobieren, klare Zeiten für Arbeit und Kinderbetreuung festlegen, aktive Pausen planen). Zudem wurden Rollen und Betreuungsaufgaben klar kommuniziert (z. B. Familiengespräch mit Mann und Sohn zur Strukturierung des Homeschoolings), Räumlichkeiten für eine klarere Trennung der beiden Lebensbereiche genutzt (z. B. getrennte Räume für die beiden Home-Offices eines Ehepaars), sowie Übergangsrituale und Erholung in die Alltagsroutine integriert (z. B. kreative Aktivitäten am Abend, Sport, Ende der Arbeitszeit durch private Termine begrenzen, Arbeitsgeräte am Feierabend/Wochenende/Urlaub ausstellen).

3. Diskussion und Implikationen

Die Ergebnisse der Studie zeigen, dass die Work-Life Balance und Erholung über verschiedene Wochen der Corona-Pandemie stabil blieben bzw. sich sogar verbesserten. Diese positive Entwicklung zeigte sich besonders für Personen mit hoher Selbstwirksamkeit, da sich für diese die Work-Life-Konflikte stärker reduzierten. Die wöchentlichen Reflexionen zu den Grenzgestaltungsstrategien könnten diesen Prozess verstärkt haben. Insgesamt deuten die Ergebnisse darauf hin, dass die Reflexion und Planung von Grenzgestaltungsstrategien die Befragten dabei unterstützten, mit der drastischen Entgrenzung von Arbeit und Privatleben und den Herausforderungen für Work-Life Balance und Erholung umzugehen. Die Studie lässt auf die hohe Relevanz einer aktiven Grenzgestaltung durch individuelle Strategien in Krisenzeiten schließen. Die Umsetzung dieser individuellen Strategien gilt es jedoch auch von Unternehmen durch förderliche Arbeitsbedingungen zu unterstützen, wie z.B. durch einen höheren Handlungsspielraum. Dies sollte durch weitere Studien überprüft werden.

Literatur

Ashforth, B.E., Kreiner, G.E, & Fugate, M. (2000). All in a day's work: Boundaries and micro role transitions. *Academy of Management Review, 25*(3), 472–491.

Eby, L. T., Mitchell, M. & Zimmerman, L. (2016). Work and family in times of crisis. In T. Allen & L. Eby (Hrsg.), *The Oxford Handbook of Work and Family* (pp. 417–430). New York: Oxford Press.

Fisher, J., Languilaire, J.-C-, Lawthom, R., Nieuwenhuis, R., Petts, R. J., Runswick-Cole, K. & Yerkes, M.A. (2020). Community, work, and family in times of COVID-19. *Community, Work & Family, 23*(3), 247–252.

Gravador, L. N. & Calleja, M. (2018). Work-life balance crafting behaviors: An empirical study. *Personnel Review, 47*(4), 786–804.

Kramer, A., & Kramer, A. Z. (2020). The potential impact of the Covid-19 pandemic on occupational status, work from home, and occupational mobility. *Journal of Vocational Behavior, 119,* Article 103442.

Park, Y., Fritz, C. & Jex, S.M. (2011). Relationships between work-home segmentation and psychological detachment from work: The role of communication technology use at home. *Journal of Occupational Health Psychology, 16*(4), 457–467.

Pfeiffer, S. (2012). Technologische Grundlagen der Entgrenzung: Chancen und Risiken. In: B. Badura, A. Ducki, H. Schröder, J. Klose & M. Myer (Hrsg.), *Fehlzeiten- Report 2012. Gesundheit in der flexiblen Arbeitswelt: Chancen nutzen – Risiken minimieren* (pp. 15–21). Berlin, Heidelberg: Springer.

Sonnentag, S. & Fritz, C. (2015). Recovery from job stress: The stressor-detachment model as an integrative framework. *Journal of Organizational Behavior, 36*(S1), 72–103.

Towers, I., Duxbury, L., Higgins, C. & Thomas, J. (2006). Time thieves and space invaders: Technology, work and the organization. *Journal of Organizational Change Management, 19*(5), 593–618.

Bettina Splittgerber[1] & Claudia Flake[2]
[1]*Hessisches Ministerium für Soziales und Integration,* [2]*Regierungspräsidium Gießen*

Aufsichtshandeln der hessischen Arbeitsschutzbehörde während der Corona-Pandemie

1. Corona-bedingter Blick auf den Arbeitsschutz

Seit Beginn der Pandemie stand die hessische Arbeitsschutzbehörde vor großen Herausforderungen: Es galt in einer insgesamt komplexen und unübersichtlichen Situation den Schutz der Beschäftigten in Hessen aufrecht zu erhalten, ohne die Aufsichtspersonen selbst einem hohen Infektionsrisiko auszusetzen. Während der Pandemie liefen einige Branchen – Einzelhandel, ambulante und stationäre Pflege, Arztpraxen, Paketlieferdienste – „auf Hochtouren", wohingegen andere Branchen nicht oder mit deutlich reduzierten Belegschaften arbeiteten. Nicht zuletzt durch ein starkes Medienecho als Reaktion auf die Situation in der Fleischindustrie rückte der Arbeits- und Gesundheitsschutz ins Zentrum der öffentlichen Aufmerksamkeit, und die Gesellschaft wurde sich möglicherweise erstmals bewusst, dass ein unzulänglicher betrieblicher Arbeitsschutz gravierende Auswirkungen auf ganze Regionen haben kann.

In der Pandemie-Situation mussten auch in der Arbeitswelt und im Arbeitsschutz schnelle Lösungen gefunden werden, wie Arbeit sicher gestaltet werden kann und wie eine zielführende Überwachung möglich ist.

- In der ersten Phase der Pandemie etwa bis zum Sommer 2020 bestanden keine spezifischen rechtlichen Regelungen. Von daher wurde auf der Basis des Arbeitsschutzgesetzes gehandelt und von den hessischen Betrieben erwartet, dass sie ihren maßgeblichen Beitrag zur Unterbrechung der Infektionsketten am Arbeitsplatz und zum Schutz der Beschäftigten leisten.
- Ziel war es, Hotspots in Betrieben zu vermeiden, es aber auch nicht zu einem vollständigen wirtschaftlichen und gesellschaftlichen Shutdown kommen zu lassen. Dabei wurde deutlich, dass der staatliche Arbeitsschutz unter Einhaltung der Schutzmaßnahmen und den Erfordernissen der Kontaktvermeidung, Präsenz zeigen musste.
- Auch wenn die Details zwischen Branchen und Tätigkeiten differierten, im Fokus sämtlicher Überwachungsaktivitäten standen die
  – Maßnahmen zur Einhaltung des Mindestabstands,
  – Hygienemaßnahmen zum Schutz gegen Hand- und Oberflächenkontamination, Lüftungsmaßnahmen zur Reduzierung der Virenlast,
  – Anpassung der Gefährdungsbeurteilung und Unterweisung der Beschäftigten sowie das „Vorgehen mit System", d.h. die Einbindung der Funktionsträ-

ger, die Kommunikation Corona-bedingter Auflagen und Verhaltensregeln sowie die Berücksichtigung von Risikogruppen und Beschäftigten von Fremdfirmen.
- Weiterhin zeigte sich ziemlich bald, dass vor allen Dingen die Branchen, von denen zuvor bereits bekannt war, dass sie hinsichtlich des Arbeitsschutzes als kritisch zu bezeichnen sind – Fleischerei, Saisonarbeit, Baustellen, Logistik und Gastronomie – auch hinsichtlich des Corona-Geschehens als problematisch einzustufen waren.

2. Überwachung auf Distanz

Eine der wirkungsvollsten Methoden der Arbeitsschutzbehörde zur Überwachung des betrieblichen Arbeitsschutzes stellen Betriebsbesichtigungen und Begehungen der Arbeitsplätze vor Ort dar. Aber durch die pandemische Situation muss auch die Arbeitsschutzbehörde bei ihrer Aufsichtstätigkeit die Regeln berücksichtigen und ihre direkten Kontakte reduzieren.

Daher hat sich die hessische Arbeitsschutzbehörde für ein zweistufiges Verfahren entschieden: Dieses Aufsichtskonzept sieht vor, dass Betriebe (prioritär Betriebe, in denen direkte Kontakte zwischen Menschen unvermeidbar sind) angeschrieben wurden und auf Basis einer Checkliste um eine Selbstauskunft zu ihrer Umsetzung der erforderlichen Schutzmaßnahmen gebeten wurden. Auf dieser Basis und ggf. weiterer (telefonischer /elektronischer) Informationen konnte entschieden werden, ob bzw. in welchen Betrieben eine Besichtigung durch die Aufsicht erforderlich war.

Ein Sonderfall ist in diesem Zusammenhang die Überwachung der Betriebe im Homeoffice. Denn eine Besichtigung von Arbeitsplätzen kommt für die Überwachung der Arbeitsform Homeoffice nicht in Frage. Homeoffice ist nach dem T-O-P-Prinzip eine der zu priorisierenden Schutzmaßnahmen zur Unterbrechung der Infektionsketten. Mit der Corona-Arbeitsschutzverordnung hat der Gesetzgeber den Arbeitgeber verpflichtet, seinen Beschäftigten die Option des Homeoffice anzubieten und den Arbeitsschutzbehörden der Länder Ende Januar 2021 eine neue Überwachungsaufgabe zugewiesen. Mit der Verpflichtung der Arbeitgeber, an Büroarbeitsplätzen und vergleichbaren Arbeitsplätzen den Beschäftigten die Möglichkeit des Homeoffice anzubieten, trat ein besonders facettenreiches Arbeitsschutzthema in den Fokus, das einerseits Kontakte reduziert und damit das Infektionsrisiko senkt, die Vereinbarkeit von Familie und Beruf verbessert (z.B. beim Homeschooling von Kindern), aber auch mit besonderen organisatorischen, ergonomischen und psychischen Belastungsfaktoren einhergeht. Auch hier wurde an dem zweistufigen Aufsichtskonzept – erst betriebliche Selbstauskunft, dann ggf. Durchführung einer Betriebsbesichtigung – festgehalten. Die Anzahl der Beschwerden über unterlassene

Homeoffice-Angebote war dann allerdings doch geringer als es das Medienecho hatte vermuten lassen.

Im Rahmen dieser Überwachung mit dem Fokus auf die Pandemie wurden von Mai bis Dezember 2020 etwa 1.200 Betriebsbesichtigungen durchgeführt, von denen mehr als 75% in KMU, d.h. in Betrieben mit weniger als 50 Beschäftigten stattfanden. Insgesamt ist der Umsetzungsgrad der coronabedingten Schutzmaßnahmen als hoch zu bewerten – insbesondere im Vergleich zur Umsetzung von Arbeitsschutzmaßnahmen vor der pandemischen Infektionslage. Über 90% der aufgesuchten Betriebe setzen die Arbeitsschutzmaßnahmen in ihren verschiedenen Arbeitsbereichen um.

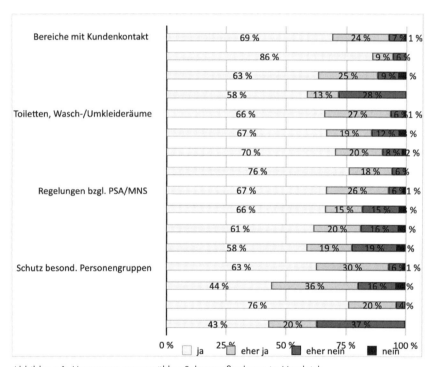

Abbildung 1: Umsetzung ausgewählter Schutzmaßnahmen im Vergleich

Bei der Betrachtung einzelner Wirtschaftszweige werden hingegen Defizite deutlich (siehe Abb. 1): Je umfangreicher und komplexer die erforderlichen Veränderungen (bezüglich der Arbeitsabläufe, der Zusammenarbeit, des Kundenkontaktes), desto größer die betrieblichen Umsetzungsprobleme. Weiterhin ist bemerkenswert, dass insbesondere in den Branchen, die stark im Fokus der öffentlichen Wahrnehmung standen, deutlicher Handlungsbedarf besteht.

3. „lessons learned"

In einer Situation in der der staatliche Arbeitsschutz in hohem Maße einerseits im Fokus der öffentlichen Wahrnehmung steht und sich andererseits vor große Herausforderungen gestellt sieht, werden neue Handlungsansätze erprobt und evaluiert, die auch über die pandemische Situation hinaus eine Rolle spielen werden. Die folgenden Erfahrungswerte sollten bei den kommenden Entwicklungen einbezogen werden.

- Erweiterung des Methodenspektrums durch betriebliche Selbstauskunft: Zumindest in der aktuellen Lage hat sich dieses Vorgehen bewährt. Es ermöglicht eine gezieltere Steuerung der Besichtigungen. Zugleich stößt es einen innerbetrieblichen Diskurs zum Arbeitsschutz an und erhöht die Präsenz der Arbeitsschutzbehörde in den Unternehmen. Gleichwohl kann eine betriebliche Selbstauskunft die Überwachung vor Ort nicht ersetzen.
- In der Krisensituation, in der ein gesellschaftliches Bewusstsein um die Notwendigkeit spezifischer Schutzmaßnahmen gegeben war, zeigten die Betriebe in Hessen eine hohe Akzeptanz sowohl den Kontrollen gegenüber als auch hinsichtlich der Bereitschaft zur Umsetzung von Maßnahmen.
- Die Berücksichtigung psychischer Belastungen ist nach wie vor nicht etabliert; selbst in Arbeitssituationen, in denen – bedingt durch Infektionsrisiken, hohe Arbeitsintensität oder kritisches Klientel – evident ist, dass Beschäftigte hohen psychischen Belastungen ausgesetzt sind, wird das Thema weder von der Aufsicht noch von den Betrieben eigenständig aufgegriffen. Hier sind nach wie vor steuernde Impulse notwendig.
- Es zeichnet sich deutlich ab, dass Homeoffice und andere Formen mobiler Arbeit auch nach der Pandemie eine wesentliche Rolle spielen werden. Von daher wird diese Arbeitsform, die für den Arbeitsschutz – auch den betrieblichen – noch vielfach Neuland darstellt, stärker in den Fokus genommen werden müssen.
- Es zeigt sich, dass Betriebe, die auch zuvor gut aufgestellt waren – das bezieht sich sowohl auf den Arbeitsschutz als auch auf innerbetriebliche Kommunikation und Kooperation – auch in der Krise schneller und zielgerichteter reagieren konnten. Sie realisierten beispielsweise Schutzmaßnahmen konsequenter und konnten auch soziale Konflikte, die als eine beobachtbare Begleiterscheinung in der Krise auftraten, besser bewältigen. Letztlich – aber das wird in einem breiteren Kontext zu erörtern sein – hat sich durch die Pandemie auch die Ungleichheit des Zugangs zu guten Arbeitsbedingungen verstärkt.

Literatur kann angefordert werden.

Arbeitskreis 33 – Ergänzung
Psychische Störungen nach Arbeitsunfällen
Leitung: Bernhard Zimolong

Jasmin Krivec, Désirée Zercher & Peter Bärenz
Der Arbeitsunfall als traumatisches Ereignis: Qualität, Prävalenz und Auswirkung der PTBS-Diagnose im Bereich der gesetzlichen Unfallversicherung

Beiträge im Workshopband 2020

Peter Bärenz, Jasmin Krivec & Désirée Zercher
Die Vorhersage von AUF-Tagen, Kosten und Länge des Rehabilitationsprozesses bei schweren Arbeitsunfällen mit psychischen Störungen als Unfallfolgen
(Seite 519)

Jasmin Krivec, Désirée Zercher & Peter Bärenz
Akutintervention bei Psychische Störungen nach Arbeitsunfällen
(Seite 523)

Désirée Zercher[1], Jasmin Krivec[1] & Peter Bärenz[2]
[1]*Berufsgenossenschaft Nahrungsmittel und Gastgewerbe, Mannheim*
[2]*Forschungsgesellschaft für angewandte Systemsicherheit und Arbeitsmedizin, Mannheim*

Der Arbeitsunfall als traumatisches Ereignis: Qualität, Prävalenz und Auswirkung der PTBS-Diagnose im Bereich der gesetzlichen Unfallversicherung

1. Theoretischer Hintergrund

Ein psychisch traumatisches Ereignis kann die Kriterien eines Arbeitsunfalls erfüllen. Daher rücken psychische Traumafolgestörungen immer mehr in den Fokus der Unfallversicherungsträger (BG). Bei dem Versichertenklientel der Berufsgenossenschaft Nahrungsmittel und Gastgewerbe (BGN) stellen Gewaltereignisse ein besonderes Risiko für psychische Störungen dar. Mit fast 50% sind Überfälle die häufigste Unfallursache dieser Untersuchung, wobei 81% der Opfer weiblich sind. Auch Fälle von sexueller Gewalt sind dokumentiert.

Datenbasis dieser Studie sind $N = 11\,520$ schwere Unfälle der Jahre 2015 und 2016 der BGN. Davon wurden in einer Totalerhebung in den elektronischen Versicherungsakten $N = 796$ Fälle mit psychischen Störungen identifiziert. Traumafolgestörungen umfassen neben der PTBS ein Spektrum anderer Störungen. Dazu zählen: die akute Belastungsstörung, somatoforme Störungen, depressive Störungen und verschiedene Angststörungen (Maercker, 2013).

Der Heilverfahrensprozess sieht vor, dass die Versicherten sich nach dem Unfallereignis einem unfallchirurgischen Spezialisten, dem s.g. Durchgangsarzt (D-Arzt) vorstellen müssen. Im Folgenden werden die psychologischen Erstdiagnosen (ED), die meist durch D-Ärzte und die Fachdiagnosen (FD), die ausschließlich durch Psychologen, Psychiater und Psychotherapeuten gestellt werden, mit Fokus auf PTBS betrachtet.

2. Prävalenz der PTBS

PTBS war sowohl die in der ED (195 Fälle) als auch in der FD (129 Fälle) die meist diagnostizierte Störung. Bezogen auf die 11 520 schweren Unfälle ergibt sich eine 2-Jahres-Prävalenz von *1.7%* in der ED und *1.1%* in der FD. Von besonderer Bedeutung ist die Berücksichtigung der Prävalenz als Basisrate bei der Interpretation der Testergebnisse von psychologischen Diagnoseinstrumenten (z. B. Screeningverfahren). Um eine Aussage über die Wahrscheinlichkeit des Vorliegens einer PTBS aufgrund eines positiven Testergebnisses zu treffen, müssen einerseits die Spezifität und die Sensitivität des Verfahrens, sowie andererseits die Prävalenz der Krankheit berücksichtigt werden. Selbst bei Tests mit hoher Sensitivität und Spezifität, ist die Wahrscheinlichkeit bei einer Prävalenz von *1.1 %* gering, dass bei einem positiven Testergebnis tatsächlich eine PTBS vorliegt.

3. Interrater-Reliabilität zwischen Diagnostikern

Bei einer objektiven Diagnostik sollen ED und FD übereinstimmen, unabhängig vom Diagnostiker. Es ergab sich kein statistisch signifikanter Zusammenhang zwischen ED und FD, χ^2 (1): 2.368, p = .12 in Bezug auf PTBS. Nach Landis und Koch (1977) liegt eine geringe Interrater-Reliabilität vor (Cohens Kappa, κ =.106). Abb. 1 zeigt, dass die beobachteten Häufigkeiten fast identisch mit den Häufigkeiten bei völliger Unabhängigkeit sind.

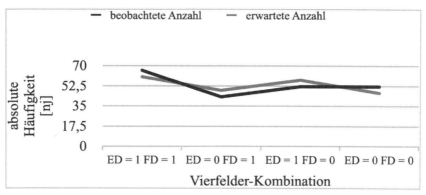

Abb. 1: Häufigkeiten der beobachteten und erwarteten Werte für die Diagnostiker (ED vs. FD) x Diagnose (PTBS = 1 vs. keine PTBS = 0).

Besonders in der ED sind die Diagnosekriterien der PTBS nicht vollständig erfüllt oder nicht ausreichend nachvollziehbar. D-Ärzte werden meist unmittelbar nach dem Unfall aufgesucht (Md = 6 Tage). Im Falle eines Traumas befinden sich die Versicherten, noch in der akuten Phase, in der die Diagnose PTBS nicht vergeben werden kann, da das F-Kriterium (Vorliegen der Symptome von min. 30 Tagen) nicht erfüllt ist (DSM-4-TR, APA, 2000).

Unmittelbar nach Gewaltereignissen treten häufig PTBS-Symptome auf, die jedoch im weiteren Verlauf remittieren (Shalev, 2001). Nach den Maßgaben des Psychotherapeutenverfahrens sollten D-Ärzte auf eine psychologische Diagnosestellung verzichten. (Drechsel-Schlund & Scholtysik, 2016).

4. Kosten, Arbeitsunfähigkeit und Falllänge

Im Folgenden wird der Einfluss der FD in einem multivariaten Ansatz betrachtet. Es wurde drei einfaktorielle Varianzanalysen berechnet um zu prüfen, ob sich Fallbearbeitungslänge, Arbeitsunfähigkeitstage (AUF-Tage) und Kosten (AV) in Abhängigkeit von den einzelnen Diagnosen (UV) unterscheiden. Dabei wird davon ausgegangen, dass besonders PTBS-Fälle höhere Kosten, längere AUF-Tage und Fallbearbeitungslängen verursachen. Tabelle 1 zeigt die Mittelwerte und Standardabweichungen der Falllänge, AUF-Tage und Kosten für die einzelnen Diagnosen. An den relativ hohen Standardabweichungen lässt sich sehen, dass die Werte stark um den Mittelwert streuen. Dies ist auf die sehr linkssteile Verteilung der AVs zurückzuführen. Um eine Normalverteilung zur sinnvollen Berechnung der Mittelwertvergleiche zu erreichen, wurde eine Box-Cox-Transformation durchgeführt.

Tab 1: Mittelwerte & Standardabweichung der AVs für die Hauptdiagnosen

Diagnose	Falllänge		AU-Tage		Kosten	
	M	SD	M	SD	M	SD
PTBS	321	248	94	96	7759	10503
Anpassungsstörung	235	189	99	129	6342	8895
Belastungsstörung	207	190	66	84	4936	12941
Depression	160	103	62	88	4845	8423
Angststörung	303	293	76	68	4198	7151
andere	282	296	101	138	14672	19994
keine	143	128	22	26	1112	2318

Es gab einen signifikanten Effekt der Diagnose bezogen auf die Falllänge, $F(6, 242) = 7.306$, $p < .001$, $\eta^2 = .15$. Die Post-hoc-Testung zeigt, dass Anpassungsstörung, Belastungsstörung, Depression, andere und keine Diagnose sich untereinander nicht unterscheiden. PTBS-Fälle dauern länger als Fälle, in denen keine FD gestellt wurde ($p < .01$) oder eine akute Belastungsstörung diagnostiziert wurde ($p = .02$). Die Falllängen bei akute Belastungsstörung, Depression Angststörung oder eine andere Störung unterscheiden sich statistisch nicht signifikant von PTBS-Fällen.

Auch die Kosten unterscheiden sich signifikant in Abhängigkeit von der Diagnose $F(6, 242) = 11.57$, $p < .001$, $\eta^2 = .22$. Die Post-hoc-Testung zeigte jedoch, dass nur Fälle ohne FD sich signifikant von allen anderen unterscheiden. Das gleiche gilt für die AUF-Tage, $F(6, 237) = 8.054$, $p < .001$, $\eta^2 = .17$. Nach Cohen hat die Diagnose einen hohen Effekt auf die AVs.

Die Ergebnisse sind dahingehend überraschend, dass es sich bei der PTBS um ein besonders schweres Störungsbild handelt, dessen Auswirkungen sich von den anderen Diagnosen unterscheiden sollte. Beispielsweise liegen bei PTBS hohe Komorbiditätsraten vor (Perkonigg, Kessler, Storz & Wittchen, 2000). Außerdem ist der Krankheitsverlauf oft langwierig und es besteht ein hohes Risiko der Chronifizierung (Kessler et al., 1995). Somit liegt die Vermutung nahe, dass PTBS-Fälle signifikant höheren Kosten, AUF-Tagen und Falllängen verursachen. Aus theoretischer Sicht ist besonders unplausibel, dass in der Praxis sich PTBS-Fälle nicht von Fällen mit einer Anpassungsstörung oder akuten Belastungsstörung unterscheiden. Bei der Anpassungsstörung handelt es sich um ein eher leichtes, vorübergehendes Störungsbild, welches auf ein nicht-traumatisches Ereignis zurückzuführen ist. Es wird ein wesentlich geringeres Ausmaß an Leidensdruck und Einschränkungen gefordert als für PTBS. Der akute Zustand nach dem Trauma wird mit der Diagnose der akuten Belastungsstörung beschrieben (ICD-10: F43.0). Auch hier handelt es sich um ein auf vier Wochen begrenztes Störungsbild. Eine mögliche Erklärung wäre ein Mangel an Diagnosequalität, der auch die FDs betrifft. Dafür sprechen Fälle, in denen mehrere FDs vorliegen, die sich differentialdiagnostisch ausschließen. Auch Gutachten und Stellungnahmen des ärztlichen Dienstes decken falsche Diagnosen auf. Besonders PTBS wird auffällig häufig diagnostiziert, ohne dass in den Berichten ersichtlich ist, auf Grund welcher Befunde die Diagnose zustande kam.

Zusammenfassend lässt sich sagen, dass die Genauigkeit der Prognose u. a. von der Güte der Diagnose abhängt. Je zuverlässiger die Diagnose, desto gezielter lässt sich der Prozess der beruflichen Rehabilitation steuern. Besonders auch im Hinblick auf die Entwicklung eines Prognosemodell zur Steuerung des Rehabilitationsprozess bei psychologischen Fällen (vgl. Weller-Tabelle), sind Maßnahmen zur Verbesserung der Diagnosequalität zu diskutieren.

Literatur
World Health Organization (2016). International classification of diseases and related health problems (10th Revision; ICD-10).
Maercker, A. (2013). Symptomatik, Klassifikation und Epidemiologie. In A. Maercker (Hrsg.), Therapie der posttraumatischen Belastungsstörung (S. 13–32). Berlin, Heidelberg: Springer Verlag.
American Psychiatric Association. (2000). Diagnostic and statistical manual of mental disorders (4th ed., text rev.; DSM-4-TR). Washington DC: Author.
Shalev, A. Y. (2001). What is post traumatic stress disorder?. Journal of Clinical Psychiatry, 62, 4–10.
Drechsel-Schlund, C., & Scholtysik, D. (2016). Drei Jahre Psychotherapeutenverfahren der Gesetzlichen Unfallversicherung. Trauma und Berufskrankheit, 18 (2), 144–148.
Perkonigg, A., Kessler, R. C., Storz, S., & Wittchen, H-U. (2001). Traumatic events and posttraumatic stress disorder in the community: prevalence, risk factors and comorbidity. Acta Psychiatrica Scandinavica, 101 (1), 46–59
Kessler, R. C., Sonnega, A., Bromet, E., Hughes, M., & Nelson, C. B. (1995). Posttraumatic Stress Disorder in the National Comorbidity Survey. Arch Gen Psychiatry, 52 (12), 1048–1060.

Arbeitskreis 34 – Ergänzung
Digitalisierung:
Chance 4.0
Leitung: Anja Gerlmaier

Dirk Marrenbach, Martin Braun & Oliver Scholtz
**Prinzipien präventiver Arbeitsgestaltung
am Beispiel digitaler Assistenz im Wareneingang**

Beiträge im Workshopband 2020

Emanuel Beerheide & Kurt-Georg Ciesinger
**Digitales Belastungs- und Beanspruchungsmonitoring
und BGM: praktische Erfahrungen
aus dem Projekt BalanceGuard**
(Seite 529)

Anja Gerlmaier
**Digitale Stressoren und Gestaltungschancen
in der Arbeitswelt:
zum Stand der Forschung**
(Seite 533)

Dirk Marrenbach, Martin Braun & Oliver Scholtz
**Prinzipien präventiver Arbeitsgestaltung
am Beispiel digitaler Assistenz im Wareneingang**
(Seite 537)

Jennifer Schäfer & Erich Latniak
**Ressourcenförderung und Belastungsreduktion
virtuell arbeitender Führungskräfte**
(Seite 541)

Jessica Stock
**Mit Künstlicher Intelligenz berufliche Teilhabechancen
verbessern: Lern- und Experimentierräume
als partizipativer Gestaltungsansatz**
(Seite 545)

Dirk Marrenbach, Martin Braun & Oliver Scholtz
Fraunhofer Institut für Arbeitswirtschaft und Organisation, Stuttgart

Prinzipien präventiver Arbeitsgestaltung am Beispiel digitaler Assistenz im Wareneingang

1. Arbeiten in der Intralogistik

Die Logistik beschäftigt sich mit der systematischen Planung, Realisierung, Nutzung, Instandhaltung und Optimierung von Systemen zum Transport, zur Lagerung, zur Kommissionierung, zur Sortierung und zur Verpackung von Gütern (Jünemann 1989).

Im Zuge der Einführung des Internet der Dinge werden die Systeme der inner- wie zwischenbetrieblichen Logistik zunehmend zu einem echtzeitfähigen Informations- und Koordinationssystem weiterentwickelt, das die Steuerung materieller und immaterieller Güter entlang des gesamten Produktlebenszyklus ermöglicht. Trotz der Fortschritte in der Digitalisierung und Automatisierung können gegenwärtig noch nicht alle logistischen Prozesse unter wirtschaftlichen und technischen Aspekten substituiert werden. Aufgrund seiner kreativen, kognitiven, kommunikativen und kooperativen Fähigkeiten garantiert der Mensch die zum Überleben in dynamischen Märkten notwendige Agilität und Wandlungsfähigkeit. Präventive Maßnahmen stellen in turbulenten Umgebungen die Identifikation, Entwicklung, Entfaltung und Regeneration dieser für das betriebliche Überleben notwendigen menschlichen Fähigkeiten sicher. Im Zuge präventiver Gestaltungsmaßnahmen werden auch assistive Systeme eingesetzt. Anhand von Assistenzsystemen in der Logistik werden in diesem Artikel Prinzipien einer guten Gestaltung von Assistenzsystemen abgeleitet; dies erfolgt am Beispiel eines Wareneingangsarbeitsplatzes in einem Handelsunternehmen für Elektronikkomponenten.

2. Einsatz digitaler Assistenzsysteme

Assistierende Systeme dienen in Produktion und Logistik entweder zur systematischen Anleitung und Kontrolle angelernter Mitarbeiter (d. h. Werkerführungssysteme) oder zur kontextsensitiven Unterstützung von Facharbeitskräften bei der Durchführung komplexer Tätigkeiten (d.h. Assistenzsysteme) (Braun 2018). Zur Kategorie der Werkerführungssysteme gehören beispielsweise die Pick by Light, Pick to Light oder Pick by Voice-Technologien. Diese Systeme führen die Mitarbeiter Schritt für Schritt durch den Prozess der Kommissionierung. Die Werkerführung sichert durch eine strikte Anleitung und Kontrolle der Tätigkeiten die fehlerfreie Ausführung der Kommissionierung sowie eine zuverlässige Behandlung von Störfällen

(d. h. Griff ins Leere). Das Werkerführungssystem übernimmt eine aktive Rolle bei der Kommissionierung durch angelerntes Personal. Der Einsatz derartiger Werkerführungssysteme in manuell bedienten Kommissionierlagern ermöglicht eine Steigerung der Logistikleistung und des Logistikservice. Dies wird durch eine Verschärfung der physischen bzw. psychosozialen Belastungssituation erkauft (d. h. Monotonie, Dequalifizierung, Arbeitsverdichtung). Der Mensch wird durch eine strikte Anleitung und Kontrolle zu einem würdelosen Bioroboter degradiert (d. h. *Downsizing*), der vor allem Restaufgaben ausführt. Dadurch sinkt die Attraktivität derartiger Arbeitsplätze weiter ab (Hirsch-Kreinsen & ten Hompel 2017).

Die Kategorie der Assistenzsysteme umfasst z. B. eine kontextsensitive Unterstützung der Instandhaltung bei automatisierten Förder-, Lager-, Kommissionier- und Sortiersystemen. Das Assistenzsystem unterstützt die Instandhaltung durch eine Dokumentation der am System durchgeführten Inspektions- und Instandhaltungsprozesse, der Bereitstellung eines Störfallprotokolls, der Bereitstellung von Anleitungen zur Ermittlung der Schadensursache oder eine Übersicht über die vorhandenen Ersatzteile. Derartige Assistenzsysteme schränken die Freiheiten des Personals nicht ein und erlauben die eigenständige Abarbeitung des Instandhaltungsfalls auch ohne den Rückgriff auf das Assistenzsystem. Handlungsunterstützende Assistenzsysteme führen zu einem *Upgrading* des Arbeitssystems in Hinblick auf Fähigkeiten und Fertigkeiten. Sie ermöglichen es den Mitarbeitern, auch komplexe Situationen sicher zu bewältigen. Der Einsatz handlungsunterstützender Assistenzsysteme steigert die Attraktivität des Arbeitsplatzes (Hirsch-Kreinsen & ten Hompel 2017). Ein assistierendes System kann somit nicht unabhängig vom Arbeitsplatz, in dem es zum Einsatz kommt, geplant und realisiert werden. Vielmehr ist die Gestaltung des Assistenzsystems im Zusammenspiel von Mensch Technik und Organisation ganzheitlich zu planen, realisieren und optimieren (Ulich 2011). Die im Arbeitssystem tätigen Mitarbeiter sind in den Gestaltungsprozess des assistierenden Systems und Arbeitsplatzes frühzeitig einzubinden, um die Akzeptanz durch die Berücksichtigung der Mitarbeiterbelange zu erhöhen. Dies wird am Beispiel des Wareneingangs in einem Handelsunternehmen für Elektronikkomponenten vorgestellt.

3. Gestaltung eines Assistenzsystems für den Wareneingang

Im BMBF Forschungsvorhaben PREVILOG wurde ein zyklisches Vorgehen zur lernenden Adaption von Arbeitssystemen entwickelt und bei den betrieblichen Projektpartnern erfolgreich angewandt. Das Vorgehen verbindet den soziotechnischen Ansatz und das Viable System Model mit dem Arbeitssystem-Modell nach REFA (vgl. Braun & Marrenbach 2017; Braun et. al. 2018). Grundlage für die Entwicklung eines Assistenzsystems zur Erfassung von Identifikationsmerkmalen elektronischer

Komponenten im Wareneingang (WE) eines Distributionszentrums bildete die systematische Analyse aller Aktivitäten am Arbeitsplatz, die Interaktion des WE-Arbeitsplatzes mit den anderen Arbeitsplätzen im Distributionszentrum sowie die Einbindung des Wareneingangs in die beliefernden und zuliefernden Wertströme. Dabei wurde das Zusammenspiel von Mensch, Technik und Organisation am Arbeitsplatz, in der Arbeitsgruppe und im Unternehmen betrachtet.

Im Wareneingang des Logistikzentrums werden die ankommenden Güter anhand ihrer Artikel- und Sendungsinformationen identifiziert, mit ausstehenden Bestellungen verglichen und ins Warehouse Management System (WMS) eingebucht. Das WMS weist den identifizierten Artikeln einen Lagerplatz zu und stößt deren Einlagerung an. Alle nachfolgenden Prozessschritte im Logistiksystem, aber auch bei Wertschöpfungsprozessen des Kunden, erfolgen auf Grundlage der nun erzeugten Artikelidentität. Die zuverlässige und sichere Erfassung aller relevanten Daten bildet die Basis für die effiziente Abwicklung der gesamten Wertschöpfungskette. Zudem ist sie Grundlage zur Vermeidung von Mehrarbeit und Zeitdruck infolge von eiligen Nachlieferungen. Im Zuge eines Cardboard Engineering wurde der Wareneingangsarbeitsplatz hinsichtlich Arbeitsumfänge, Ergonomie und Information partizipativ gestaltet. Zugleich wurden Anforderungen an das Assistenzsystem definiert. Die Identifikation von Dokumenten und Artikeln wird im Wareneingang mittels eines kameragestützten Assistenzsystems („schlauer Klaus") digitalisiert und automatisiert. Das System informiert den Mitarbeiter permanent über eintreffende Bestellungen. Der neue Arbeitsprozess beginnt mit dem Einscannen eines Lieferdokuments. Das Dokument wird anhand von Bestell-und Lieferantennummer mit den vorhandenen Bestellungen verglichen und die richtige Bestellung ausgewählt. Abweichungen werden angezeigt und durch den Mitarbeiter korrigiert. Auf Grundlage der Bestelldaten werden die einzelnen Artikel identifiziert. Sobald der Mitarbeiter die Artikelangaben bestätigt, wird ein Barcode-Etikett gedruckt. Der Mitarbeiter klebt das Etikett auf den Artikel und bestätigt den Prozessabschluss durch das Buchen des Artikels auf einen Transportbehälter. Dieser Prozess wird fortgeführt, bis alle Artikel einer Bestellung erfasst sind. Das Assistenzsystem verfügt über eine lernfähige Objekt-, Barcode- und Texterkennung, die während einer Anlernphase mit aussagekräftigen Beispieldaten gefüttert und durch erfahrene Mitarbeiter überprüft werden muss. Die ungenaue Erkennung von Identitätsmerkmalen erlaubt bislang keine vollautomatische Artikelerfassung. Vielmehr müssen die Identitätsmerkmale vom Menschen geprüft und bestätigt werden. Die Befähigung zur manuellen Ermittlung der Identitätsmerkmale darf nicht verlernt werden.

4. Prinzipien zur präventiven Gestaltung

Das Zusammenspiel von Mensch, Technik und Organisation wird in der traditionellen, prozess- und technologieorientierten Logistiksystemplanung nicht berücksichtigt. Somit bleiben defizitäre Gestaltungen oft unerkannt. Bei angemessener Gestaltung können sich digitale Assistenzsysteme nicht nur positiv auf das gesundheitliche Befinden der Mitarbeiter auswirken, sondern auch die Arbeitsattraktivität steigern. Folgende Prinzipien zur Gestaltung von Assistenzsystemen und der sie umgebenden Arbeitssysteme wurden im PREVILOG systematisch erarbeitet:

- Assistenzsysteme können nicht unabhängig vom umgebenden Arbeitssystemen (d.h. Arbeitsplatz, Unternehmen, Lieferketten) entwickelt und installiert werden.
- Partizipation erschließt das Wissen und die Erfahrungen der Mitarbeiter in Hinblick auf die Tätigkeiten am Arbeitsplatz: Daher sollen die Prozesse am Arbeitsplatz und die Interaktionen mit dem Assistenzsystem gemeinsam geplant und optimiert werden.
- Assistenzsysteme regulieren den Handlungsspielraum von Mitarbeitern: Tätigkeitsumfänge und Ausführungsbedingungen sollen gemeinsam entwickelt und vom den betroffenen Mitarbeitern verstanden werden.
- Die Entwicklung von Assistenz- und Arbeitssystemen in überschaubaren Schritten ermöglicht nicht nur die Beteiligung der Mitarbeiter, sondern erhöht die Transparenz, Nachvollziehbarkeit und Offenheit der entwickelten Lösungen. Dies wirkt sich positiv auf deren Akzeptanz aus. Diese Vorgehensweise ermöglicht ein direktes Eingehen auf die Anmerkungen der beteiligten Mitarbeiter.
- Grundlage einer erfolgreichen Einführung ist das Auffinden einer gemeinsamen Sprache zwischen Mitarbeitern, Ausrüstern und Führung. Hierzu gehört auch die gemeinsame Definition von Erfolgskriterien.

5. Zusammenfassung

Am Beispiel eines Arbeitsplatzes im Wareneingang wurde demonstriert, dass assistive Systeme nur im Kontext der Supply Chain präventiv zu gestalten sind. Dabei ist das Zusammenwirken von Mensch, Technik und Organisation auf verschiedenen Ebenen zu berücksichtigen. Indem assistive Systeme die Funktionsteilung von Mensch und Maschine und damit den menschlichen Entscheidungs- und Handlungsspielraum regulieren, bedarf ihre betriebliche Anwendung einer differenzierten Tätigkeitsanalyse und eines partizipativen Einführungsprozesses. Nur so ist ihr nutzbringender Einsatz zu gewährleisten.

Literatur kann angefordert werden.

Arbeitskreis 37
Corona-Pandemie 2: Maßnahmen und Wirkungen
Leitung: Lars Adolph

Judith Darteh
Radfahrtraining in der Ferienbetreuung an Grundschulen

Ullrich Dittler, Hendrik Kuijs, Andrea Linke, Jutta Neumann, Robert Schäflein-Armbruster, Marcel Schmider & Arno Weber
Zwangsweise in digitaler Lehre – Ergebnisse aus der Studierenden- und Dozierendenbefragung sowie digitaler Nutzungsdaten des Corona-Semesters an der Hochschule Furtwangen

Clarissa Eickholt, Rüdiger Trimpop, Lars Adolph, Anja Winkelmann, Martin Templer & Lena Schmitz
Best Practice für SARS-CoV-2: Erkenntnisse aus 700 Betrieben

Julia Spieß & Andreas Zimber
Kurzarbeit, ökonomische Unsicherheit und ihre gesundheitlichen Folgen: die moderierende Rolle von Affektivität und Erholungsressourcen

Leonie F. Trimpop & Ulrike Willutzki
RES-UP! – Resilient trotz Corona durch Online-Intervention

Ulla Vogt, Rainer Oberkötter & Carolin Wolf
BGW Krisen-Coaching zur Corona Pandemie – 1 Jahr Rückblick und Ausblick

Judith Darteh
A.U.G.E. Institut, Hochschule Niederrhein

Radfahrtraining in der Ferienbetreuung an Grundschulen

1. Die Bedeutung des Radfahrens

Der breite Konsens über die positive Wirkung des Radfahrens auf Gesundheit, Umwelt und Wohlbefinden, in Sportwissenschaften, Public Health oder Umweltpsychologie in vielen Aspekten untermauert (Boos & Jaeger-Erben, 2019), findet in der Alltagspraxis schnell seine Grenzen: Motivation und Zeit, die Knackpunkte der Erwachsenen, sind meist in Fülle bei Kindern vorhanden.

Fahrrad fahren kann später unabhängig und individuell ausgeführt werden, jedoch sind Schulkinder im geeigneten Einstiegsalter auf Unterstützung und Anleitung angewiesen, die in den Familien zurückgeht (Berufstätigkeit, sozialer Hintergrund, Lebensstil). Die Verkehrsverhältnisse sind nicht nur in Großstädten die Hauptbarriere für eigenständiges Selbstlernen sowie für die einige Zeit nötige Schulweg-Begleitung. Eine wirksame Förderung des Radverkehrs bei Kindern und Jugendlichen setzt die Gestaltung sicherer Straßenräume insbesondere im Einzugsgebiet der Schulen voraus.

Schulisches Radfahrtraining und Modellprojekte in der Corona-Zeit
Unter den an die Grundschulen „outgesourcten" lebenspraktischen Lernbereichen ist das im Curriculum verankerte Radfahrtraining eher aufwändig und hängt auch vom Engagement interessierter Lehrkräfte ab. Im Corona-Minimalprogramm 2020 entfiel das Radfahrtraining an vielen Schulen oder wurde stark reduziert (Polizei Rhein-Kreis Neuss, 2021), und in den wenigen Präsenzphasen waren externe Nachmittagsangebote kaum mit den fest eingeteilten, getakteten Klassenabläufen vereinbar. Familien mit Migrationshintergrund sind oft mehrfach benachteiligt mangels Fahrradverfügbarkeit und Familienmitgliedern, die Radfahren können (Welsch, 2019).

Dass der Radverkehr kein Selbstläufer ist, aber ein gesundheits- und verkehrspolitisches Förderinteresse besteht, zeigen die vielen öffentlichen Kampagnen und Modellprojekte. Die sorgfältige Anpassung an Corona-Bedingungen ist entscheidend, ob Grundschulen Kooperationen dieser Art zurzeit eingehen können. Selbst vermehrt auf Unterstützung bei den Verkehrserziehungsaufgaben angewiesen, haben die Schulen als Projektpartner eine Schlüsselrolle mit der für Kinder sichersten Umgebung, Grundversorgung und umfassendsten Erreichbarkeit der Zielgruppen.

Nach Erfahrungsberichten der Polizei (2021) über punktuelle Trainings sind Angebote in der Ferienbetreuung sehr nachgefragt, ideal für die Zielgruppe und unter Corona-Bedingungen nahezu alternativlos.

Das zeitliche Rahmenkonzept „Kompakt-Fahrradtraining in der Ferienbetreuung" soll so auf das Ferienprogramm zugeschnitten werden, dass Kinder und Betreuungsteam beides gut vereinbaren können und auch den Familien Spielräume verbleiben. Die Trainingsinhalte, nicht im Fokus dieser Rahmenplanung, orientieren sich an Best-Practice-Konzepten, von sportpädagogisch erfahrenen Studierenden begleitet. Hier geht es um die Integration in den begrenzten Zeitrahmen des Ferienprogramms, in dem die Kinder motiviert und ohne Überforderung sehr viel dazulernen können.

Um konkretere Anhaltspunkte zu angemessenen Lernzielen, Wochenstunden, Klassenstufen oder Tagespensum zu gewinnen, wurde für eine Erhebung unter ExpertInnen aus den Bereichen Verkehrs- und Sportpädagogik ein Kurzfragebogen erstellt. Den Items liegen Vergleiche von Praxistrainings und Motorik-Tests zugrunde (Ducheyne et al., 2013).

2. Dimensionen: Motorik und Kompetenzen

Trotz der zunehmenden Popularität des Fahrradthemas gibt es nur wenige aktuelle Forschungsaktivitäten zu Fahrrad-Kompetenzen, Trainingsmethoden und ihre Effekte. Wesentliche Merkmale und Faktoren aus der Literatur sind in Abb. 1 als Infografik zusammengefasst. Komplexe verkehrsbezogene Anforderungen setzen eine

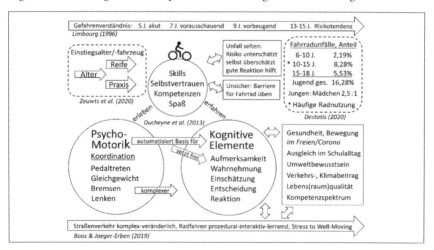

Abb. 1: Dimensionen der Lernprozesse zum Radfahren: Psycho-Motorik und Kompetenzen (eigene Infografik)

sichere motorische Koordination voraus, denn die Aufmerksamkeit darf nicht mehr gebunden auf den Bewegungsablauf gerichtet sein. Der Reifeprozess wird durch frühen Beginn, Fahrpraxis, zunehmendes Selbstvertrauen und Bewegungsfreude gefördert. Beim Unfallgeschehen ist zu beachten, dass mit vermehrter Fahrradnutzung die (absoluten) Unfallzahlen mit ansteigen. Soweit Fahrradtrainings das Unfallrisiko senken, würden sich wenige Einzelprojekte kaum in der polizeilichen Unfallstatistik niederschlagen: Ein genaueres Bild könnten hier die Schulwegunfälle nach Altersgruppen geben.

3. Ergebnisse

Die 15 Schul-/Projektleitenden im Raum Köln antworten häufig übereinstimmend. Zwei Betreuungspersonen sollten durchgehend anwesend sein. Für 2 oder 3 Wochen Ferienprogramm sind 3–4 Trainingstage in der Woche angemessen, 5 Trainingstage nur bei max. einer Woche. Aus Nachmittagsangeboten ist nicht abschätzbar, wie viele Ferien-Trainingseinheiten für die vertiefte Fahrradmotorik nötig sind. Es bieten sich die drei Sommerferienwochen mit variablem Wochenpensum an, um die Bandbreite der Lernfortschritte anhand der ausgewählten Indikator-Übungen beobachtend zu erfassen, ohne Prüfungscharakter, der Kinder mit hohem Trainingsbedarf eher demotiviert. Übungsplätze mit Straßenmarkierungen werden gerne genutzt, können jedoch das Zurechtfinden in der Verkehrsrealität nicht vorwegnehmen oder simulieren.

Tab. 1: Empfehlungen zu den Rahmenbedingungen (Auswahl für Projekt markiert)

Alter	Kombination Ein-/Umstieg		Anzahl	Tagespensum
Vorschule	Laufrad	direkt Kinderrad	8	(-) 45 Min
1. Klasse	Roller	Kinderrad	8–10	(-) 45–60 Min
2. Klasse			8–12	45–60 Min
3. Klasse		Kinderrad	10–15	60–120 Min
4. Klasse	–		10–20	60–120 Min (4h)
Altersmix			10–12	(* Bandbreite)

Gewählte Indikatoren, Test-Items nach Ducheyne et al. (2013)
Kriterien: Aussagekraft Gesamtlevel; Einhändig; Lenkerausschlag beim Umschauen

A. Geschicklichkeit, exaktes Fahren
 1. Lange schmale Planke
 2. Kontrolliertes Zielbremsen
 3. Slalom variabel

B. Einhändig mit Zusatzaufgaben
 1. Handzeichen, umschauen, Fingerzahl
 2. Handzeichen Schulterhöhe, Spur halten
 3. Gegenstand im Vorbeifahren greifen

4. Seitliches Schrägbrett
5. Rampe mittelhoch
6. Wippe

4. Kreis, Innenhand lenkt, Außenhand Ball
5. Kreis-Rondell, Außenhand lenkt, Innenhand greift Seil

C. Reaktion, Untergrund, Kanten, Gefahrstellen
1. Bordsteinkante + Schienenrille (nachgebaut/Podest)
2. Untergrund Sand + Kies als Schicht oder in Säcken
3. Rüttelstrecke, Strickleiter mit Holzsprossen
4. Bodenkante, Schlingerkurs abfangen

Rang 1+2 jeweils klare Favoriten

Einstiegszweiräder – auf das Fahrrad übertragbare Vorkenntnisse
Fahrräder mit Stützrädern wurden für Übungsinterventionen im Rahmen einer Skalen-Entwicklung verwendet, die beschreibt, welche Stufen die Kinder durchlaufen, bis sie ohne an Lenker und Sattel gehalten zu werden eigenständig ein paar Meter weit radeln können (Kavanagh et al., 2020). Mit den Stützrad-Übungen schafften die Kinder den Umstieg auf das Fahrrad genauso wie mit Laufrädern, was den Anstoß gab, Roller, Laufrad und Stützräder im Fragebogen zu vergleichen. Das Stützradmodell fand wenig Anklang. Dagegen sind Roller und Laufrad auf eigene Weise gut für das Gleichgewicht, Bremsen, Fallen, Lenken in der Kurve und beim Umschauen. Die Abgrenzung einer Roller- gegenüber einer Laufradfraktion wurde deutlich.

Beim Laufrad wird das Bremsen mit den Füßen genannt, das beim Radfahren noch lange reflexartig auftritt. Statt „entweder – oder" könnten Roller und Laufrad (mit Bremsen) im Vorfeld des Radtrainings kombiniert eingesetzt werden, z.B in der Ganztagsbetreuung. Rollerkonzepte setzen auf Wahrnehmung, spielerische Zugänge und Reaktionsimpulse statt auf umrissene Wiederholungsübungen (Burmeister, 2021).

Offene Fragen: Ansätze für Forschung und Rahmengestaltung des Schulprojekts
- Einstiegsalter, typische Entwicklungsstufen, Fahrpraxis (Zeuwts et al. 2020)
- Abschätzung Trainingsvolumen, Standard-Erfassung von Vorkenntnissen
- Unfallzahlen Jungen gemäß Verkehrsanteil, fehlertolerante Infrastruktur
- Einbezug Familie, Freizeit, Schulwegbegleitung, Sportmotivation
- Vielschichtigkeit auf anderen Ebenen kompetenzwirksam (Boos et al. 2019)

Radfahren kann Kindern und Jugendlichen den alltagstauglichen Ausgleich bieten, umso mehr bei Corona, den sie für die Verlagerung von fast allem auf Online brauchen.

Literatur kann angefordert werden.

Ullrich Dittler, Hendrik Kuijs, Andrea Linke, Jutta Neumann,
Robert Schäflein-Armbruster, Marcel Schmider & Arno Weber
Hochschule Furtwangen

Zwangsweise in digitaler Lehre – Ergebnisse aus der Studierenden- und Dozierendenbefragung sowie digitaler Nutzungsdaten des Corona-Semesters an der Hochschule Furtwangen

1. Situation Pandemie

Die Corona-Pandemie hat das „Studierenden-Leben" massiv verändert: Mehr oder weniger Hals über Kopf mussten im Frühjahr 2020 Lehrformate auf Distanz-Lehre umgestellt werden und gleichzeitig Hygienekonzepte zur Verhinderung einer weiteren Ausbreitung des Corona-Virus über die Hochschulen umgesetzt werden. Eine Herausforderung für die Infrastruktur, die Dozierenden und auch die Studierenden. (Dittler & Kreidl 2021, S. 135 ff)

Auch die Hochschule Furtwangen war von diesem Prozess betroffen. Hier steuerte ein interdisziplinärer Corona-Leitungsstab die verschiedenen notwendigen Maßnahmen. Die Umstellung führte zu einem großen Digitalisierungsschub, gleichzeitig waren aber auch die Belastungen für alle Akteure enorm.

Mehrere Aspekte mussten bewältigt werden (Weber et al. 2020):
- Sicherstellung eines höchstmöglichen Infektionsschutzes
- Reaktion auf ständig ändernde rechtliche Rahmenbedingungen
- Aufbau sinnvoller didaktischer Konzepte für Online-Lehre und Gründung einer „Koordinierungsstelle Digitales Lehren und Lernen"
- Aufbau, Einrichtung und Schulung der digitalen Infrastruktur
- Entwicklung und Einführung von Konzepten für Online-Prüfungen und die Durchführung von Präsenzveranstaltungen (vor allem Praktika) bzw. Präsenzprüfungen unter Corona-Bedingungen
- Konzepte für Online- und Präsenzprüfungen
- Schaffung von Kommunikationsstrukturen

Es hat sich herausgestellt, dass die Hygienekonzepte der Hochschule Furtwangen außerordentlich erfolgreich waren: Covid-19 Fälle bzw. asymptomatische SARS-CoV-2 Fälle waren unterdurchschnittlich.

Aktuelle Herausforderung (Redaktionsschluss 17.03.2021) ist die neu umzusetzende Strategie für Corona-Schnelltestverfahren.

Ferner soll verstärkt noch einmal auf die psychischen Belastungen der Studierenden und Mitarbeitenden eingegangen werden (Institut für transkulturelle Gesundheitsforschung 2021).

2. Validierung der Maßnahmen

Die nötigen pädagogisch-didaktischen Konzepte, die Lehre unter Corona-Bedingungen und die Krisenkommunikation standen im Zentrum mehrerer Befragungen der Studierenden und der Dozierenden. Die Nutzungsdatenauswertung der verschiedenen Online-Tools ergänzen diese Umfrageergebnisse.

Wie üblich war die Vielfalt der genutzten Angebote und Systeme groß. Videobasierte synchrone Lehrformate, d.h. Studierende und Dozierende treten in virtuellen Konferenzsystemen in direkte Interaktion, wurden sehr stark verwendet. Das zeigen auch die Nutzungszahlen der Online-Tools (siehe Abbildung 1): Man erkennt deutlich die Nutzung tagsüber und die Pausenzeiten.

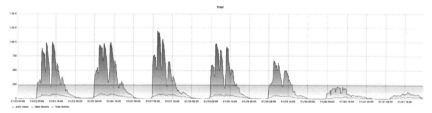

Abb. 1: Nutzungszahlen der virtuellen Hörsäle (Alfaview) beispielhaft in der KW 4/2021

Ergänzt wurden die virtuellen Konferenzsysteme durch die bereits bestehende Lernplattform Felix und die darüber verfügbar gemachten asynchronen Formate (z.B. besprochene Präsentationsfolien, die sich die Studierenden zu einem beliebigen Zeitpunkt und gegebenenfalls mehrfach am Rechner anschauen konnten) (Abbildung 2). Deutlich zu erkennen ist die Zunahme der Felix-Nutzung in der Pandemiezeit: Die Zugriffszahlen haben sich mit Start des Corona-Sommersemesters 2020 verdoppelt.

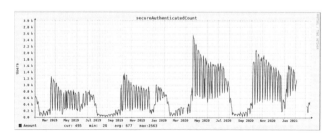

Abb. 2: Nutzung der Lernplattform Felix vor und während der Pandemie

3. Befragung unter Studierenden und Mitarbeitenden

Unter den Studierenden wurden bisher vier Befragungen durchgeführt: Drei im Sommersemester 2020 (zu Beginn der Corona-Einschränkungen Ende April mit n=1150, in der Mitte im Juni mit n=1500 und am Ende des Sommersemesters mit n=1129) sowie eine im Wintersemester 2020/2021 (n=1144). Abbildung 3 zeigt exemplarisch eines der Ergebnisse. Die Umfragen umfassten rund 70 Fragen zu Studium, Prüfungen, Technik, Lernverhalten, Lebenssituation etc. Abbildung 4 beinhaltet ein Ergebnis aus der Dozierenden-Befragung (n= 173) vom Sommersemester 2020. (Hochschule Furtwangen 2020; Dittler & Kreidl 2021, S. 15ff und 37ff; Hochschule Furtwangen 2021).

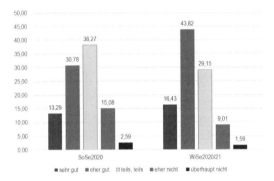

Abb. 3: Exemplarische Zustimmung aus der Studierendenbefragung SoSe 2020 und WiSe 2020/2021 zur Aussage „Insgesamt funktionierte die Online-Lehre …"

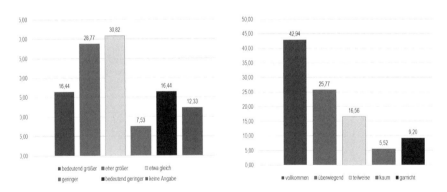

Abb. 4: links Exemplarisches Ergebnis der Dozierenden zur Frage „Im Sommersemester 2020 war die Vereinbarkeit von Familie und Beruf …"
rechts: Zustimmung der Dozierenden zur Aussage „Ohne die Corona-bedingte Notwendigkeit hätte ich mich nicht so schnell und so intensiv mit den Möglichkeiten der Online-Lehre befasst."

4. Wesentliche Botschaften aus den Erhebungen

Folgende Ergebnisse lassen sich u.a. aus den genannten Befragungen der Studierenden und der Lehrenden ablesen:

- Die Lehre in den beiden bisherigen Corona-Semestern funktionierte besser als von den Studierenden und den Lehrenden noch im Frühjahr 2020 vermutet oder befürchtet: Aktuell beurteilen nur 10 % der Studierenden die Lehre als „eher nicht" oder „überhaupt nicht funktionierend".
- Parallel zur Einführung der verschiedenen technischen Systeme hat die HFU umfangreiche Schulungen und didaktische Hilfestellungen zur Verfügung gestellt, so dass die Kompetenz der Lehrenden im Bereich Online-Lehre kontinuierlich verbessert werden konnte – wie auch die Studierenden bestätigen.
- Während noch im März 2020 – auch in der öffentlichen Diskussion – befürchtet wurde, dass das Corona-Sommersemester 2020 ein „verlorenes Semester" sein würde, beurteilen dies rund 79 % (SoSe 2020) bzw. 85 % (WiSe 2020/21) der Studierenden nicht so.

Die Corona-Pandemie stellte einen Veränderungsimpuls dar, wie ihn die Hochschulen in den vergangenen Jahrzehnten nicht erlebt haben. Da sich ein Ende der Pandemie abzeichnet, ist es nun die zentrale Aufgabe der Hochschulen, die Vorteile der digitalen Lehre mit den Vorteilen der Präsenzlehre dauerhaft zu verbinden – und das Ende der Pandemie nicht nur für eine Rückkehr zu den alten Lehr- und Lernformen zu nutzen.

Literatur

U. Dittler, Ch. Kreidl (Hrsg.): Wie Corona die Hochschullehre verändert. Springer Gabler Verlag, Wiesbaden. ISBN 978-3-658-32608-1

A. Weber, U. Dittler, St. Lambotte, A. Linke, J. Neumann & M. Schmider: Hochschule in Zeiten der Pandemie – eine Situationsbeschreibung bei der kommmitmensch-Kooperationspartnerin, der Hochschule Furtwangen, DGUV Forum, Ausgabe 10, 2020, ISSN 2699-7304, Download am 15.12.2020, https://forum.dguv.de/ausgabe/10-2020/artikel/hochschule-in-zeiten-der-pandemie-eine-situationsbeschreibung-bei-der-kommmitmensch-kooperationspartnerin-der-hochschule-furtwangen

Institut für transkulturelle Gesundheitsforschung an der DHBW Villingen-Schwenningen: Umgang mit den psychosozialen Folgen von COVID-19. https://plattform-fuer-psychosoziale-fachkraefte.psychisch-sozial-gesund.de/infomaterial/psychisch-sozial-gesund-allgemeine-tipps/, Download am 13.03.2021

Hochschule Furtwangen: Das virtuelle Semester lief gut – war das überraschend? – Ein erstes Fazit zum Studium im Zeichen von Corona. Zugriff am 15.12.2020 https://www.hs-furtwangen.de/aktuelles/detail/1877-das-virtuelle-semester-lief-gut-war-das-ueberraschend/

Hochschule Furtwangen: HFU zieht positive Bilanz;, Zugriff am 17.03.2021, https://www.hs-furtwangen.de/aktuelles/detail/2213-hfu-zieht-positive-bilanz/

Clarissa Eickholt[1], Rüdiger Trimpop[2], Lars Adolph[3],
Anja Winkelmann[1], Martin Templer[1] & Lena Schmitz[2]
[1]systemkonzept GmbH, [2]FSU Jena,
[3]Bundesanstalt für Arbeitsschutz und Arbeitsmedizin

Best Practice für SARS-CoV-2: Evaluationserkenntnisse aus 700 Betrieben

1. Einführung

Betriebe sind seit mehr als einem Jahr gefordert, eine Vielzahl von Maßnahmen zum Arbeits- und Infektionsschutz umzusetzen, um die Infektionsrisiken durch SARS-CoV zu minimieren. Die dynamische Situation der Pandemie schlägt sich in einer Fülle von Handlungshilfen und Informationen nieder. Auch das BMAS hat mit der Veröffentlichung des SARS-CoV-2 Arbeitsschutzstandards im April 2020 mit Empfehlungen zu technischen, organisatorischen und personellen Schutzmaßnahmen reagiert. Über die SARS-CoV-2 Arbeitsschutzregel (August 2020) und später über die Corona-Arbeitsschutzverordnung wurde der Arbeitsschutzstandard untersetzt und in das Arbeitsschutzregelwerk überführt. Parallel entstand eine Vielzahl von Länderverordnungen und Branchenanforderungen. Das BAuA-Projekt F2513 untersucht, wie Betriebe die Arbeitsschutzstandards umgesetzt haben, welche Maßnahmen getroffen wurden und wie wirksam diese Maßnahmen eingeschätzt werden. Es wurden fördernde und hemmende Bedingungen in den Betrieben erhoben, um im Ergebnis Best Practice Beispiele für Unternehmen zu generieren. Außerdem wurden Ansatzpunkte zur Weiterentwicklung des Regelwerks identifiziert.

1.1 Studiendesign

Das Studiendesign setzt sich aus drei Erhebungsinstrumenten zusammen: einer Online-Befragung, Telefoninterviews zur guten Praxis und Fokusgruppen. Befragt wurden insbesondere betriebliche und überbetriebliche Akteure im Arbeitsschutz, die konkrete Aussagen zur Umsetzung der betrieblichen Präventionsmaßnahmen machen können. Entsprechend sind die Teilnehmenden im Schwerpunkt Fachkräfte für Arbeitssicherheit, UnternehmerInnen, Aufsichtspersonen der Unfallversicherungsträger sowie AufsichtsbeamtInnen des staatlichen Arbeitsschutzes. Erhoben wurde auch die Branchenzugehörigkeit, um differenzierte Ableitungen zu treffen.

An der Online-Befragung nahmen 724 ArbeitsschutzexpertInnen teil. Die Ergebnisse sind nicht repräsentativ für alle Betriebe in Deutschland. Ergänzend wurden 43 qualitative Telefoninterviews geführt, die einen vertieften Einblick in die Praxis zum Umgang mit den SARS-CoV-2 Arbeitsschutzmaßnahmen generierten. Die quantitativen und qualitativen Befragungsergebnisse wurden in vier Fokusgruppen vorgestellt und diskutiert. Je zwei Fokusgruppen waren fachpolitisch oder themenspezifisch ausgerichtet.

Da im Titel der Befragung die „Gute Praxis" angesprochen wird, ist von einer Positiv-Ansprache und -Auswahl auszugehen. Über alle Erhebungsinstrumente hinweg wurden jedoch auch kritische Rückmeldungen deutlich.

1.2 Rahmenmodell
Für die Befragung wurde ein Rahmenmodell (siehe Abb. 1) entwickelt, dass der Instrumentenentwicklung und Auswertung diente und alle wesentlichen Inhaltsbereiche abbildet.

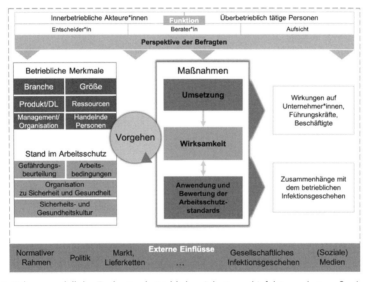

Abb. 1: Rahmenmodell der Evaluation betrieblicher Arbeits- und Infektionsschutzmaßnahmen

Im Folgenden werden ausgewählte Ergebnisse aus der Online-Befragung zum Bereich Maßnahmen, Beteiligung der Beschäftigten und Wirkungen auf UnternehmerInnen, Führungskräfte und Beschäftigte dargestellt.

2. Ergebnisse im Überblick
2.1 Umgesetzte Arbeits- und Infektionsschutzmaßnahmen
Grundlage für die Erhebung der Maßnahmen bildeten die 17 Maßnahmen(bereiche) des Arbeitsschutzstandards bzw. der Arbeitsschutzregel. Die Befragten gaben an, ob sie für ihren Betrieb zutreffen und in diesem Fall umgesetzt wurden oder nicht.

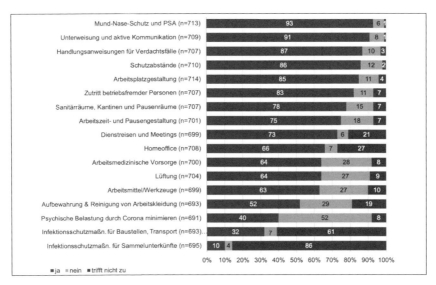

Abb. 2: Umsetzungsgrad Maßnahmen SARS-CoV-2 Arbeitsschutzstandard

Soweit zutreffend wurden in der überwiegenden Zahl der Betriebe zu allen Punkten des SARS-CoV-2 Arbeitsschutzstandards Maßnahmen ergriffen; im Durchschnitt gaben die Befragten an, 11,1 Maßnahmen umzusetzen, in den Unterkategorien waren es im Durchschnitt 33,6 Maßnahmen.

Auffallend ist der geringe Umsetzungsgrad im Bereich „Psychische Belastung". 58 Personen gaben an, dass diese Maßnahmen nicht für sie zutreffen. Sofern zutreffend gaben lediglich 44 % an, diese Maßnahmen umzusetzen.

Ein Blick in die Unterkategorien zeigt zwar, dass durchaus auch in anderen Bereichen Maßnahmen an der Quelle psychischer Belastung ansetzen (z. B. in Unterweisung und aktive Kommunikation), dennoch wird ein großer Handlungsbedarf sichtbar.

2.2 Beteiligung der Beschäftigten

Die Beteiligung der Beschäftigten wurde im Rahmen des Vorgehens zur Entwicklung der Maßnahmen betrachtet. Etwa gedrittelt geben die 724 Befragten an, dass die Beteiligung sehr wenig/wenig, mittelmäßig oder intensiv/sehr intensiv erfolgte. Da die Beteiligung letztlich jedoch mit einer wirksameren Einschätzung der ergriffenen Maßnahmen zusammenhängt, wird hier Optimierungspotenzial deutlich. Die Akzeptanz der Maßnahmen auf allen betrieblichen Ebenen und ein höheres Gesundheits- und Sicherheitsbewusstsein hängen deutlich mit der Beteiligung zusammen (+++= >.40).

2.3 Wirkungen der Maßnahmen auf UnternehmerInnen, Führungskräfte und Beschäftigte

Neben der Betrachtung der Wirksamkeit, die hier nicht weiter vertieft wird, wurde auch die Wirkung der Maßnahmen u. a. zu Regeltreue, Motivation und Arbeitszufriedenheit erhoben. Beschäftigte halten sich nach Erleben der Befragten überwiegend (63,7 %) oder vollständig (15,8 %) an die betrieblich vorgegebenen Verhaltensregeln. Bemerkenswert ist, dass als Grund für die Regeltreue weniger die Angst vor Sanktionen (M=2,7 auf einer 5-stufigen Skala) benannt werden, sondern vielmehr Verantwortungsbewusstsein (M=3,8), die grundsätzliche Einhaltung von Regeln (M=3,8), die Unternehmenskultur (M=3,7) sowie das Vorbildverhalten der Führungskräfte (M=3,6). Erwartbar war die persönliche Angst vor Infektionen (M=3,7). Das Vorbildverhalten der Führungskräfte als maßgeblicher Grund für die Beschäftigten, sich an Maßnahmen zu halten, wird durch die Motivation der Führungskräfte gestützt, die betrieblichen Maßnahmen umzusetzen: Die Befragten schätzen die Motivation der Führungskräfte hoch (40,4 %) bzw. sehr hoch (34,4 %) ein. 596 Befragte gaben ihre Einschätzung zu den Wirkungen der Maßnahmen auf die Arbeitszufriedenheit ab. Knapp die Hälfte gibt an, dass die Arbeitszufriedenheit unverändert ist, ca. 38 % schätzen sie (deutlich/)schlechter und ca. 13 % (deutlich/)besser ein.

3. Fazit

Die Umsetzung der Maßnahmen erfolgt in größeren Paketen, zeigt aber noch Optimierungspotenzial, am augenscheinlichsten zu „Psychischer Belastung". Das Vorgehen zur Entwicklung von Maßnahmen wird von verschiedenen Faktoren geprägt. Wichtig ist offenbar die Beteiligung der Beschäftigten, um bessere Maßnahmenpakete zu entwickeln. Bei den Wirkungen der Maßnahmen wird die Rolle der Führungskräfte und im weiteren Sinne eine Unternehmenskultur einschließlich Verantwortungsübernahme als bedeutsam und förderlich identifiziert.

Literatur

Adolph, L.; Eickholt, C.; Tausch, A. & Trimpop, R. (2021). SARS-CoV-2-Arbeits- und Infektionsschutzmaßnahmen in deutschen Betrieben: Ergebnisse einer Befragung von Arbeitsschutzexpertinnen und -experten. Baua: Fokus. Dortmund: BAuA.

Eickholt, C.; Trimpop, R.; Adolph, L.; Riebe, S.; Winkelmann, A.; Templer, M. & Hamacher, W. (2021). Best Practice für SARS-CoV-2 Arbeits- und Infektionsschutzmaßnahmen in deutschen Betrieben. Beitrag im Konferenzband Dokumentation des 67. Arbeitswissenschaftlichen Kongressen. GfA-Press.

Tausch, A. & Adolph, L. (2021) Stärkung des Arbeitsschutzes durch Regelwerke und Handlungshilfen. In: Arbeitsschutz in Recht und Praxis, Volume 2, Ausgabe 3 2021. Seiten 86–89.

Julia Spieß & Andreas Zimber
Hochschule der Wirtschaft für Management Mannheim (HdWM)

Kurzarbeit, ökonomische Unsicherheit und ihre gesundheitlichen Folgen: die moderierende Rolle von Affektivität und Erholungsressourcen

1. Ausgangssituation und Ziel der Studie

Die Corona-Krise hat den Arbeitsalltag stark verändert: Einige Branchen, wie beispielsweise die Gastronomie und die Tourismus-Industrie, mussten aufgrund der verhängten Lockdowns ihre Dienste zeitweise einstellen oder ihre Geschäfte ganz schließen. Darauf reagierten einige Arbeitgebende mit der Einführung von Kurzarbeit. Viele Beschäftigte befinden sich seither in einer in doppelter Hinsicht neuen und unsicheren Situation: Zum einen sind sie mit der globalen Pandemie konfrontiert, die Ängste um die eigene Gesundheit sowie Sorgen über die psychosozialen und gesellschaftlichen Folgen auslösen kann (WHO, 2020). Zum anderen müssen sie sich mit der Pandemie-bedingten wirtschaftlichen Unsicherheit auseinandersetzen, was zusätzlich bestehende Zukunftsängste schüren und zu einer wirtschaftlichen Abwärtsspirale beitragen kann (Baldwin & Weder di Mauro, 2020).

Es ist daher anzunehmen, dass Beschäftigte seit Beginn der Pandemie mehr Arbeitsplatzunsicherheit und ökonomische Bedrohung wahrnehmen. Nach bisherigem Kenntnisstand kann Arbeitsplatzunsicherheit negative Effekte auf die physische und mentale Gesundheit, auf langfristige Karriereergebnisse sowie auf eheliche, familiäre und soziale Beziehungen haben (Sverke et al., 2002). Auch für die gegenwärtige Krise sind daher negative Auswirkungen auf das Wohlbefinden der Beschäftigten anzunehmen.

Ziel dieser Studie war es, diese beiden Hypothesen zu überprüfen und Strategien zu identifizieren, die es trotz der anhaltenden Unsicherheit ermöglichen können, das Wohlbefinden der Beschäftigten zu erhalten und möglichen negativen Folgen entgegenzuwirken. Der Fokus lag dabei auf der Rolle von Erholungserfahrungen.

2. Die Rolle von Erholung im Arbeitsalltag

Erholungserfahrungen können als ein dem Belastungsprozess entgegengesetzter Prozess betrachtet werden. Sie führen zur Wiederherstellung der beeinträchtigten Stimmungs- und Handlungsvoraussetzungen und spiegeln sich oft auch in einer Abnahme der physiologischen Belastungsindikatoren wider (Sonnentag & Fritz, 2007).

Das Konstrukt der Erholungserfahrungen setzt sich nach Sonnentag und Fritz (2007) aus dem Abschalten von der Arbeit, Entspannen, Mastery und Kontrolle in der Freizeit zusammen. In einigen Studien konnten positive Effekte von Erholungserfahrungen auf das Wohlbefinden festgestellt werden (z. B. Ten Brummelhuis & Bakker, 2012).

Die Erfahrungen unterstützen Individuen dabei, Ressourcen wiederherzustellen, aufrechtzuerhalten oder neue Ressourcen aufzubauen (Hobfoll, 1998). Somit können Menschen mit vielen Erholungserfahrungen Ressourcen, wie zum Beispiel mentale Energie, leichter wiederherstellen oder aufrechterhalten.

Obwohl Erholungserfahrungen die Wahrnehmung von Arbeitsplatzunsicherheit oder Bedrohung während der Corona-Krise wahrscheinlich nicht beseitigen können, können sie möglicherweise den Umgang mit diesen Wahrnehmungen erleichtern, wodurch die negativen Auswirkungen auf das Wohlbefinden gemildert werden können. Auch diese Hypothese sollte in der vorliegenden Studie überprüft werden.

3. Die Befragung

Die Datenerhebung im Rahmen einer Online-Befragung fand im Zeitraum der ersten Corona-Welle von Mai bis Juni 2020 statt. Insgesamt nahmen $N = 531$ Beschäftigte an der Befragung teil, davon $N = 421$ Personen mit vollständigen Datensätzen. Die Stichprobe setzt sich aus einer heterogenen Gruppe von Personen verschiedener Branchen, Beschäftigungsverhältnissen und soziodemografischen Merkmalen zusammen.

Zur Beantwortung der oben genannten Untersuchungshypothesen wurden direkte und moderierende Effekte der Erholungserfahrungen auf den Einfluss von Arbeitsplatzunsicherheit (AU) und ökonomischer Bedrohungswahrnehmung (ÖBW) auf das Wohlbefinden anhand hierarchischer Regressionsanalysen überprüft. Als Indikator für Wohlbefinden wurden Vitalität, Erholungsbedarf und Erschöpfung erfasst. Bei der Untersuchung von Stresssymptomen, Gesundheit oder Wohlbefinden ist es sinnvoll, Affektivität zu kontrollieren, um einen möglichen Einfluss vorzubeugen (z.B. Hellgren et al., 1999). Somit wurde auch in dieser Studie sowohl positive als auch negative Affektivität kontrolliert.

4. Ausgewählte Untersuchungsergebnisse

Personen, die angaben, zurzeit in Kurzarbeit zu sein, waren signifikant stärker von Arbeitsplatzunsicherheit betroffen als Personen, die nicht in Kurzarbeit waren ($M = 2.25$, $SD = 1.08$ vs. $M = 1.51$, $SD = .75$; $p < .001$). Überraschend war jedoch, dass die Befragten kein erhöhtes Maß an Arbeitsplatzunsicherheit aufwiesen (vgl. Vander Elst et al., 2014). Dieses Ergebnis könnte darauf zurückzuführen sein, dass der Ausbruch der Pandemie zum Zeitpunkt der Befragung erst wenige Monate zurücklag und die wirtschaftlichen Auswirkungen noch nicht absehbar waren.

Der Einfluss von AU wurde lediglich auf Vitalität getestet, da AU mit Erschöpfung keine Korrelation und mit Erholungsbedarf eine schwächere Korrelation aufwies als ÖBW mit Erholungsbedarf ($r = .14$, $p < .01$ vs. $r = .24$, $p < .01$). Die Vorhersagekraft von ÖBW wurde demnach auf Erschöpfung und Erholungsbedarf getestet, nicht aber auf Vigor, da für diesen Zusammenhang auch keine Korrelation festgestellt werden konnte.

Die Regressionsanalyse zeigte, dass auch nach der Kontrolle von Affektivität AU und ÖBW mit den jeweiligen Variablen des Wohlbefindens in einem signifikanten Zusammenhang standen:
- AU und Vitalität: $r = -.11$ ($p < .01$),
- ÖBW und Erholungsbedarf: $r = .14$ ($p < .001$),
- ÖBW und emotionale Erschöpfung: $r = .15$ ($p < .001$).

Betrachtet man den Effekt der Erholungserfahrungen, sind nur Personen, die von der Arbeit gut abschalten können, vor den negativen Folgen von AU bzw. ÖBW besser geschützt. Dabei handelt es sich allerdings nicht um einem Moderations-, sondern um einen Haupteffekt auf die negativen Aspekte des Wohlbefindens (auf Erholungsbedarf $r = -.34$, $p < .01$; auf Erschöpfung $r = -.32$, $p < .01$).

Abschalten von der Arbeit hat demnach unabhängig vom Ausmaß der AU bzw. ÖBW einen positiven Effekt auf das psychische Wohlbefinden.

5. Handlungs- und Präventionsansätze

Die Studienergebnisse legen nahe, dass Kurzarbeit während der Corona-Krise Beschäftigte unsicherer bezüglich der Erhaltung ihres Arbeitsplatzes macht. AU und ÖBW führen wiederum zu einem sinkenden Wohlbefinden. Um dieser Abwärtsspirale entgegenzuwirken, können mehrere Präventionsansätze empfohlen werden: Zum einen kann an der AU und der wahrgenommenen ökonomischen Bedrohung selbst angesetzt werden. In der öffentlichen Gesundheitspolitik sowie bei Interventionen am Arbeitsplatz gilt es, den Menschen Sicherheit in Bezug auf die Beschäftigungsstabilität zu geben. Pacheco und KollegenInnen (2020) schlugen ebenfalls u. a. Maßnahmen zur Förderung der Arbeitsplatzsicherheit vor.

Solange die Pandemie noch vorherrscht und Maßnahmen zu deren Eindämmung getroffen werden, welche das Wirtschaftsgeschehen weiterhin beeinflussen, können AU und ÖBW jedoch nur begrenzt reduziert werden. Nach den Ergebnissen dieser Studie kann die Fähigkeit, von der Arbeit abzuschalten, der Entstehung von Stress und seinen gesundheitlichen Folgen wirksam vorbeugen. Die hierfür benötigten Kompetenzen können durch verhaltensorientierte Interventionen, wie Stress-, Erholungs- oder Achtsamkeitstrainings, erworben werden (Wendsche et al., 2018). Darüber hinaus können Arbeitgebende durch verhältnisorientierte Interventionen, nämlich Regelungen und Rahmenbedingungen, wie beispielsweise eine Einschränkung der Erreichbarkeit der Beschäftigten auf feste Arbeitszeiten oder festgelegte Pausen, den Beschäftigten das Abschalten von der Arbeit erleichtern (Wendsche et al., 2018).

Literatur
Baldwin, R. & Weder di Mauro, B. (Eds) (2020). Mitigating the COVID economic crisis: act fast and do whatever it takes. London: CEPR Press.
Hellgren, J., Sverke, M. & Isaksson, K. (1999). A two-dimensional approach to job insecurity: Consequences for employee attitudes and wellbeing. European Journal of Work and Organizational Psychology, 8(2), 179–195.
Hobfoll, S. E. (1998). Stress, culture, and community: The psychology and philosophy of stress. New York, NY: Plenum.
Pacheco, T., Coulombe, S., Khalil, C., Meunier, S., Douceran, M., Auger, E. & Cox, E. (2020). Job security and the promotion of workers` wellbeing in die midst of the COVID-19 pandemic: A study with Canadian workers one to two weeks after the initiation of social distancing measures. International Journal of Wellbeing, 10 (3), 58–76.
Sonnentag, S. & Fritz, C. (2007). The recovery experience questionaire: Development and validation of a measure for assessing recuperation and unwinding from work. Journal of Occupational Health Psychology, 12 (3), 204-221.
Sverke, M., Hellgren, J. & Näswell, K. (2002). No security: A meta-analysis and review of job insecurity and its consequences. Journal of Occupational Health Psychology, 7, 242-264.
Ten Brummelhuis, L. L. & Bakker, A. B. (2012). Staying engaged during the week: The effect of off-job activities on next day work engagement. Journal of Occupational Health Psychology, 17(4), 445–455.
Vander Elst, T., Van den Broeck, A., De Cuyper, N., & De Witte, H. (2014). On the reciprocal relationship between job insecurity and employee well-being: mediation by perceived control? Journal of Occupational and Organizational Psychology, 87, 671–693.
Wendsche, J., Lohmann-Haislah, A., Schulz, A., Schöllgen, I. (2018). Mentales Abschalten von der Arbeit: Wirkungen, Einflussfaktoren und Gestaltungsansätze. ASU Arbeitsmed Sozialmed Umweltmed., 53(Sonderheft), 25–31.
World Health Organization (WHO) (2020). Mental health considerations during COVID-19 outbreak. Genf: WHO

Leonie F. Trimpop & Ulrike Willutzki
Lehrstuhl für klinische Psychologie und Psychotherapie, Universität Witten/Herdecke

RES-UP! – Resilient trotz Corona durch Online-Intervention

1. Resilienz in Zeiten der Pandemie

Sei es im Beruf, der Familie oder in der Partnerschaft, wir alle begegnen im Laufe unseres Lebens nicht selten verschiedensten Schwierigkeiten. Eine besondere Herausforderung stellt hierbei die aktuelle pandemiebedingte Ausnahmesituation dar. Die Angst vor einer Erkrankung und die damit einhergehenden Einschränkungen des öffentlichen Lebens und damit fehlende Möglichkeiten, sich auf die positiven Dinge des Lebens zu fokussieren, beeinträchtigen täglich unser Leben.

Auch im Berufsalltag entstehen vielerlei Hindernisse. Es gibt ständige Veränderungen, an die sich alle schnell anpassen müssen, und gleichzeitig findet aufgrund der Kontaktbeschränkungen kaum privater und persönlicher Austausch statt, was für die mentale Gesundheit zusätzliche Herausforderungen darstellt (Wissmath, Mast, Kraus & Weibel, 2020). Gerade in solchen Zeiten sind jedoch verlässliche Ressourcen und Resilienz essenziell für das Wohlergehen, die Lebenszufriedenheit (WHO, 2017) und den Erhalt von Gesundheit im Sinne der Salutogenese (Antonovsky, 1987).

Resilienz entwickelt sich laut Padesky und Mooney (2012) vor allem, wenn persönlich relevante Ziele verfolgt werden, da diese positiv besetzt und von besonderer Relevanz für das Individuum sind. Dabei gehen die Forscherinnen davon aus, dass alle Menschen bereits existierende Stärken haben, die genutzt werden können. Sie sehen Resilienz, im Vergleich zu vorherigen Modellen (Antonovsky, 1987), als dynamischen Prozess und nicht als stabile Charaktereigenschaft. Resilienz als Fähigkeit erlaubt es, mit positiven und negativen Lebensereignissen umzugehen und immer wieder neue Wege zu entwickeln, um trotz Hindernissen eine positive Lebensweise aufrecht zu erhalten.

Bedingt durch die Einschränkungen der Pandemie haben sich digitale Formate als wichtiger Bestandteil des alltäglichen Lebens etabliert. Im Laufe der letzten Jahre hat so auch die Anzahl internetbasierter Interventionen stetig zugenommen, wobei die Wirksamkeit von evidenzbasierten Online-Therapien vielfach in verschiedenen Zusammenhängen nachgewiesen werden konnte (Andrews, Cuijpers, Craske, McEvoy & Titov, 2010). Auch bei Trainings zur Förderung von Resilienz konnten bereits signifikante Verbesserungen hinsichtlich Burnouts, Kohärenzgefühl und Resilienz bei Studierenden der Psychologie, Krankenpflege und Geburtshilfe im Vergleich zu Kontrollgruppen festgestellt werden (Škodová & Lajčiaková, 2015).

Die meisten dieser bisherigen Interventionen zu Resilienzförderung fokussieren auf die Entwicklung zusätzlicher Fähigkeiten zur Stärkung des Individuums („Resilienzaufbau"). Nur wenige stellen die bereits bei der Person vorhandenen Möglichkeiten und Fähigkeiten in den Mittelpunkt und versuchen diese zu aktivieren („Resilienzaktivierung"). Eine solche resilienzaktivierende Intervention stellt das „Personal Model of Resilience" (PMR) von Padesky und Mooney (2012) dar. Grundlegend ist die Annahme, dass jede Person bereits resiliente Strategien und Fähigkeiten besitzt, welche schon in schwierigen Situationen angewandt wurden, diese jedoch aktuell nicht bewusst oder nutzbar sind. Das PMR basiert auf evidenzbasierten Standards der kognitiven Verhaltenstherapie (Kuyken, Padesky & Dudley, 2009) und wurde ursprünglich im Kontext der Behandlung von Angststörungen und Depression entwickelt. Stärken, die von der Person im Umgang mit schwierigen Situationen bereits entwickelt wurden, werden darin gemeinsam von KlientInnen und BeraterInnen herausgearbeitet und auf aktuelle Herausforderungen angewandt. Im Rahmen der Intervention sollen Resilienzstrategien wieder bewusst und nutzbar werden, indem sie aktiviert, zusammengeführt und erweitert werden, um auf aktuelle Problembereiche angewandt werden zu können.

2. Online Resilienz fördern: Res-Up!

Die Online-Intervention „Res-Up!: Resilienz – unkompliziert und persönlich!" ist ein fünfschrittiges, internetbasiertes, begleitetes Selbsthilfe-Programm, das auf Basis des PMR entwickelt wurde. In bisherigen Studien zeigte sich, dass das PMR bei KlientInnen auf der Warteliste für einen Therapieplatz, bei Studierenden (Victor, Teismann & Willutzki, 2017; Victor, Shirali-Dikloo, Schwert & Willutzki, 2018a) und im Vergleich zu Wartekontrollgruppen oder aktiver Vergleichsgruppe (Online-Therapie vs. face-to-face vs. ABC-Modell vs. WKG; Victor, Krug, Vehoff, Lyons & Willutzki, 2018b) wirksam zur Resilienzförderung ist. In der Pilotversion des Programms durchliefen die Studierenden drei Sitzungen im Einzel- oder Gruppensetting, wobei sich kleine bis große Effektstärken auf den Dimensionen Psychopathologie, Selbstbewusstsein, Optimismus und Wohlbefinden zeigten. Auf Grundlage der Rückmeldungen der Teilnehmenden wurde die Online-Intervention im Rahmen von Res-Up! überarbeitet und von drei auf fünf Module zur Resilienzförderung ausgeweitet. Ziel ist es, Res-Up! auf seine Wirksamkeit zu prüfen. Aufgrund bestehender Literatur (Victor et al., 2018b) erwarten wir, dass es die Resilienz der Teilnehmenden fördert.

3. Methoden

Die TeilehmerInnenrekrutierung findet seit Februar 2020 via Anschreiben von Ambulanzen, Kliniken, therapeutischen Praxen und über soziale Medien sowie persönlichen Kontakt statt und wird voraussichtlich im September 2021 enden. Die hier einbezogenen Daten beziehen sich auf die 90 Teilnehmenden, die bis Februar 2021 Res-Up! vollständig durchlaufen hatten. Im Durchschnitt waren die Teilnehmenden 29.89 Jahre alt, 81.1 % waren weiblich, 17.8 % männlich und 1.1 % divers. Der Großteil (76.7 %) waren Psychologiestudierende der Universität Witten/Herdecke.

Res-Up! wird auf der Plattform Minddistrict (www.minddistrict.com) bereitgestellt. Die Teilnehmenden werden von geschulten Beratenden beim Programm via Chat begleitet. Erhoben wurden Daten zu Resilienz, emotionaler Kompetenz, Symptomreduktion sowie Selbstachtung und Selbstmitgefühl.

Interessierte erhielten zunächst Informationen, daraufhin wurde die Einverständnis- und Datenschutzerklärung Online abgegeben und im Anschluss die Eingangserhebung durchgeführt. Danach durchliefen die Teilnehmenden das Programm aus fünf aufeinander aufbauenden Modulen, von denen je eins pro Woche bearbeitet werden sollte und etwa ein bis zwei Stunden Bearbeitungszeit benötigte. Die Post-Messung fand sechs Wochen nach der Eingangserhebung, die Follow-Up-Messung nach weiteren 6 Wochen statt.

4. Zwischenergebnisse

4.1 Resilienz
In Prä-Post-Follow-Up-Vergleichen durch Varianzanalysen mit Messwiederholungen (rmANOVAs) zeigten sich signifikante Unterschiede im Bereich Resilienz: Im CD-RISC-10 $F(2, 178) = 6.46, p < .005$ mit mittleren Effekten ($\eta_p^2 = .07$) und im WIRF im Kontext aktuelle Probleme $F(1.80, 160.43) = 5.19, p < .01$ mit mittleren Effekten ($= .06$). Die WIRF-Kontexte Alltagsleben und Krisenbewältigung zeigten keine signifikanten Veränderungen ($p > .05$).

4.2 Emotionale Kompetenz
In Prä-Post-Follow-Up-Vergleichen durch rmANOVAs zeigten sich signifikante Unterschiede im Bereich emotionale Kompetenzen: Im SEK-27 $F(2, 178) = 5.24, p < .01$ mit mittleren Effekten ($\eta_p^2 = .06$). Im FrAGe zeigten sich keine signifikanten Veränderungen ($p > .05$).

4.3 Symptombelastung
In Prä-Post-Follow-Up-Vergleichen durch rmANOVAs zeigten sich keine signifikanten Unterschiede im Bereich der Symtombelastung (BSI-18 und PHQ-9; $p > .05$).

4.4 Selbstachtung und Selbstmitgefühl
In Prä-Post-Follow-Up-Vergleichen durch rmANOVAs zeigten sich signifikante Un-

terschiede im Bereich Selbstachtung und Selbstmitgefühl: Auf der RSES $F(1.64, 145.53) = 4.01; p < .05$ mit kleinen Effekten ($\eta_p^2 = .04$) und im SCS-D $F(1.57, 139.67) = 10.74; p < .001$ mit großen Effekten ($\eta_p^2 = .11$).

5. Ausblick

Erste Ergebnisse zeigen, dass das internetbasierte Resilienzförderungsprogramm Res-Up! sowohl die Resilienz als auch emotionale Kompetenzen sowie Selbstachtung und Selbstmitgefühl signifikant verbessern konnte. Keine signifikanten Veränderungen zeigten sich bisher hinsichtlich der psychopathologischen Symptombelastung (wobei hier berücksichtigt werden muss, dass das Belastungsniveau in der mehrheitlich studentischen Stichprobe recht niedrig war). Ziel der weiteren Untersuchungen ist es, sowohl klinische als auch nicht-studentische TeilnehmerInnen beispielsweise durch Rekrutierung in Unternehmen und Organisationen, zu rekrutieren. Außerdem sollen die Stichprobe noch weiter vergrößert und weitere Analysen durchgeführt werden, um Subgruppenanalysen durchführen zu können. Weiterhin möchten wir aktuelle Faktoren, wie den erneuten Lockdown und die anhaltende Pandemie, sowie die Einflüsse der aktuellen Lockerungen, in die endgültigen Analysen mit einbeziehen. Daher freuen wir uns über interessierte TeilnehmerInnen aus allen Bereichen und bieten gerne weitere Informationen unter: res-up@uni-wh.de.

Literatur

Andrews, G., Cuijpers, P., Craske, M.G., McEvoy, P. & Titov, N. (2010). Computer Therapy for the Anxiety and Depressive Disorders Is Effective, Acceptable and Practical Health Care: A Meta-Analysis. PLoS ONE, 5(10), e13196.

Antonovsky, A. (1987). Unraveling the mystery of health – How people manage stress and stay well. San Francisco: Jossey-Bass.

Kuyken, W., Padesky, C. & Dudley, R. (2009). Collaborative Case Conceptualization. New York: The Guilford Press.

Padesky, C. A. & Mooney, K. A. (2012). Strengths-based cognitive–behavioural therapy: A four-step model to build resilience. Clinical Psychology & Psychotherapy, 19(4), 283-290.

Škodová, Z. & Lajčiaková, P. (2015). Impact of psychosocial training on burnout, engagement and resilience among students. Central European Journal of Nursing and Midwifery, 6(3), 313–319.

Victor, P., Dikloo, A.S., Schwert, P. & Willutzki, U. (2018a). Resilienz- vs. problemorientierte Beratung von Studierenden: Eine randomisierte kontrollierte Studie. Zeitschrift für Klinische Psychologie und Psychotherapie, 47(4), 241-251.

Victor, P., Krug, I., Vehoff, C., Lyons, N. & Willutzki, U. (2018b). Strengths-based CBT: Internet-Based Versus Face-to-Face Therapy in A Randomized Controlled Trial. Journal of Depression and Anxiety, 7, 301. 10.4172/2167-1044.1000301

Victor, P. P., Teismann, T. & Willutzki, U. (2017). A Pilot Evaluation of a Strengths-Based CBT Intervention Module with College Students. Behavioural and Cognitive Psychotherapy, 45(4), 427-431. 10.1017/S1352465816000552

WHO (2017). Strengthening resilience: a priority shared by Health 2020 and the Sustainable Development Goals. https://www.euro.who.int/en/countries/monaco/publications/strengthening-resilience-a-priority-shared-by-health-2020-and-the-sustainable-development-goals-2017

Wissmath, B., Mast, F.W., Kraus, F. & Weibel, D. (2020). Understanding the psychological impact of the COVID-19 pandemic and containment measures: an empirical model of stress. medRxiv. 10.1101/2020.05.13.20100313

Ulla Vogt[1], Rainer Oberkötter[2] & Carolin Wolf[2]
[1]*Berufsgenossenschaft für Gesundheitsdienst und Wohlfahrtspflege;*
[2]*Wolf&Oberkötter Personal und Organisationsentwicklung*

BGW Krisen-Coaching zur Corona Pandemie – 1 Jahr Rückblick und Ausblick

1. Schnell entschlossen gezielte Unterstützung

Im März 2020 hat die BGW sich in der zweiten Woche nach dem Lockdown für das Angebot des Krisen-Coachings für Führungskräfte und Personen in Verantwortung (z. B. Mitglieder von Krisenstäben, Betriebliche InteressenvertreterInnen) entschieden. Am 31.03. konnte bereits das erste Krisen-Coaching stattfinden. Im Kern geht es bei dem Angebot um die Stabilisierung der Führungspersonen im Bewältigen der besonderen Herausforderungen rund um die Pandemie. Mittlerweile liegen Erfahrungen aus über 600 Krisen-Coachings – durchgeführt von über 30 Coaches – vor. Jede*r Coachee hatte die Möglichkeit von fünf Coachings zu je 90 Minuten mit einem 45-minütigem Auftaktgespräch. Die Responsezeit vom Eingang der Coachinganfrage bis zum telefonischem Erstkontakt durch den Coach wurde innerhalb von einem bis drei Werktagen realisiert. Die Coachings wurden online oder per Telefon je nach Wunsch des/der Coachee durchgeführt. Grundgedanke in allen Coachings war die Stärkung der gesunden Organisation durch die Stärkung der Führungskräfte in der Ausnahmesituation rund um die Pandemie.

2. Ausgangssituation und Rahmenbedingungen

Die Berufsgenossenschaft für Gesundheitsdienst und Wohlfahrtspflege hat eine lange Tradition in der Unterstützung ihrer Mitgliedsbetriebe rund um das Themenfeld Sicherheit und Gesundheit bei der Arbeit. Hierzu zählt auch das Feld der gesunden Führung. Gesunde Führung lässt sich wiederum in die drei Aspekte der gesunden Selbstführung, Führung als Gestalter von Arbeitsbedingungen (menschengerechte Gestaltung der Arbeit) und Führung und ihr Einfluss auf die Kultur von Sicherheit und Gesundheit mit der Zielrichtung gesunde Organisation aufteilen (Gregersen et al. 2019). Auf alle drei Ebenen ist das Krisen-Coaching direkt oder indirekt ausgerichtet.

Teilgenommen haben Coachees aus fast allen Branchen der versicherten Mitgliedsbetriebe. Eine Besonderheit war die aktive Nachfrage von Kleinunternehmen, wie zum Beispiel durch Leitungen von therapeutischen Praxen. Hier lag der prozentuale Anteil bei ungefähr 12 %. Eine besonders hohe Nachfrage gab es im Feld der Altenpflege mit 22 %. Eine geringe Nachfrage gab es überraschender Weise durch Führungskräfte aus Kliniken (4 %).

Auch in Bezug auf die Verteilung der Nachfrage in den verschiedenen Teilen Deutschlands konnten Unterschiede festgestellt werden. Die größte Nachfrage bestand im Westen und Süden der Republik. Hinsichtlich der Betrachtung der Verteilung über die Zeit hinweg lässt sich eine starke Nachfrage in der Zeit von März bis zum Sommer 2020 und dann wieder ab Oktober 2020 beobachten – parallel zu den Zeiten, in denen der Lockdown stattgefunden hat.

Das Krisen-Coaching lebt von der Vielfalt der unterschiedlichen Coachingansätze – von hypnosystemischen Ansätzen bis hin zu Elementen des Embodiments. Grundsätzlich wurde ziel- und anliegenorientiert gearbeitet, d.h. die Coachees bestimmten in den jeweiligen Terminen ihre Ziele sowie die inhaltlichen Schwerpunkte.

Zum Auftakt des Coachingangebotes fand ein einheitliches Briefing der Coaches statt, in dem die Rahmenbedingungen geklärt wurden. Die BGW kann auf einen langjährig bestehenden Pool von BeraterInnen mit Kenntnissen der Branche und im Bereich des Arbeits- und Gesundheitsschutzes sowie abgeschlossenen Coaching-Ausbildungen zurückgreifen. Zusätzlich wurden Maßnahmen zur Qualitätssicherung getroffen. Zunächst ist hier der regelmäßige Erfahrungsaustausch zwischen Coaches und Mitarbeitenden der BGW zu nennen. Darüber hinaus wurde die Möglichkeit der Intervision (Fallbesprechung) für die Coaches angeboten. Zudem wurde ein ausführlicher Dokumentationsleitfaden erstellt und des Weiteren wurden qualitative Interviews mit den Coachees durchgeführt. Angedacht ist außerdem die Auswertung der Coaching-Dokumentation mittels einer Dokumentenanalyse.

3. Zentrale Coachinginhalte

Rahmung des BGW Krisen-Coachings ist der Grundgedanke, dass eine sich in Ausnahmesituationen befindliche Führungskraft über zeitnahe und gezielte Unterstützung wesentlich zur Stabilisierung der Organisation in diesen Situationen beiträgt. Hierzu wurde auf das Konzept des Coachings zurückgegriffen. Laut Rauen (2014, S.2) ist Coaching „ein interaktiver und personenzentrierter Begleitungsprozess, der berufliche und private Inhalte umfassen kann. Im Vordergrund steht die berufliche Rolle bzw. das zusammenhängende Anliegen des Klienten".

Das Themenspektrum in den Coachingsitzungen reichte von der praktischen Unterstützung des Remote Leadership in der Nutzung von digitalen Kollaborationstools bis hin zu Themen der Mitarbeitermotivation zu gesundheitsförderndem Verhalten in der Ausnahmesituation der Pandemie. Eine Herausforderung, die in vielen Coachingfällen auftauchte, war das Beibehalten des Kontakts zu den Mitarbeitenden in der Pandemie, zum Beispiel bei geteilten Teams. Es ließ sich durchaus eine Veränderung der Themenschwerpunkte im Verlauf der Pandemie feststellen: Während anfangs hohe Überforderung hinsichtlich der notwendigen Beschaffung der

PSA und dem Aufstellen von Hygienekonzepten im Vordergrund stand, wurden im Jahr 2021 die Organisation der Impfungen und vor allem die Erschöpfung aufgrund der Dauer der Pandemiebewältigung vermehrt spürbar.

Herausfordernd waren Themen wie zum Beispiel der Umgang mit Trauer und Tod in Einrichtungen der Altenpflege mit massiven Covid-Ausbrüchen und auch die vorhandene/wahrgenommene eigene Gesundheitsgefährdung.

Ein entscheidender Faktor in solchen Situationen ist die zeitnahe, unmittelbare Unterstützung. Essenziel wichtig ist in diesem Kontext aber auch die Abgrenzung von Coaching und die im Einzelfall notwendige Empfehlung der psychotherapeutischen Unterstützung. Hierzu bot das etwas zeitversetzt zum Krisen-Coaching aufgebaute BGW Angebot der „Telefonischen Krisenberatung" eine weitere gut wirksame Unterstützung. Dieses Angebot zur Frühintervention wird durch erfahrene PsychotherapeutInnen durchgeführt.

Als roter Faden der Coachings lässt sich durchaus die Entwicklung/Stärkung der Kompetenz der jeweiligen Führungskraft in Hinblick auf den Umgang mit Ungewissheit und disruptiven Veränderungen identifizieren. Zudem ist eine Anleitung zum Perspektivwechsel und der Fokus auf die Muster des Gelingens zentral.

4. Wirkung

Im Rahmen der Auswertungen (u. a. bei den Abschlussfragen zum Coachingende) tauchte durchweg eine sehr positive Rückmeldung von Seiten der Coachees auf. Sie fühlten sich durch die Angebote aktiv gestärkt/unterstützt.

Zusätzlich wurden durch BGW Mitarbeitende Fokusinterviews im Rahmen von betriebsübergreifenden Workshops durchgeführt. Hier konnte festgestellt werden, dass die Krise einen großen Einfluss auf die TeilnehmerInnen hatte und nicht leicht

Abb. 1: Zeichnung einer Coachee im anschließendem Fokusinterview

zu kompensieren ist. Die Coachees gaben an, dass sie sich durch die Coachings gestärkt fühlten und neue Ressourcen für sich entdeckt haben.

5. Fazit und Ausblick

Der Einfluss des Führungsverhaltens auf die Gesundheit der Beschäftigten im Sinne von gesundheitsförderlicher Ressource sowie als gesundheitsschädigender Risikofaktor wurde u. a. in der Studie von Gregersen et al. (2019) belegt. So gibt es vielfältige Nachweise für die Zusammenhänge zwischen dem Führungsstil und der Gesundheit der Beschäftigten. Schlussfolgernd lässt sich ableiten, welchen weitgreifenden Einfluss eine gezielte Unterstützung der Führungskräfte, zum Beispiel über ein Coaching, haben kann.

Mit Blick auf das Belastungserleben und auf die dokumentierten Entwicklungsmöglichkeiten kann das Angebot des BGW Krisen-Coachings als ein hoch wirksames Instrument bezeichnet werden, welches über die Stärkung der Führungskräfte in Ausnahmesituationen einen positiven Einfluss auf die Mitarbeitenden und letztendlich auch auf die Organisation insgesamt haben kann. Aktuell wird eine Vernetzung der Coachees in den jeweiligen Regionen und eine Verzahnung mit Angeboten zur Stärkung der gesundheitsförderlichen Organisation angestrebt. Als von den Beteiligten sehr hilfreich erlebt wurde in diesem Zusammenhang – in Anlehnung an agile Arbeitsmethoden – das Konzept der organisationsübergreifenden Retrospektiven.

Literatur
Rauen, C. (2014): Coaching. Göttingen: Hogrefe, S. 2
Gregersen, S.; Vincent-Höper, S.; Schambortski, H. & Nienhaus, A. (2019): Führung und Gesundheit der Beschäftigten. In. Kriwy, P.; Jungbauer-Gans, M. (Hrsg.). (2019). Handbuch Gesundheitssoziologie. Springer Fachmedien: Wiesbaden, S. 560–579.

Arbeitskreis 40 – Ergänzung
Gewalt am Arbeitsplatz: Traumatisierungen und Gefährdungsbeurteilungen
Leitung: Thomas Oberkötter

Fritzi Wiessmann
Umgang mit traumatischen Ereignissen – Gezielte Unterstützung durch den Unfallversicherungsträger

Beiträge im Workshopband 2020

Melanie Wicht
Abweichendes Kundenverhalten – Präventive Führung
(Seite 619)

Fritzi Wiessmann, Heike Merboth & Gudrun Wagner
Umgang mit psychisch beeinträchtigten Beschäftigten
(Seite 623)

Stefan Joost
„Come in and burn out" – Volkskrankheit oder Erfolgskrankheit?
(Seite 627)

Fritzi Wiessmann
Berufsgenossenschaft Verkehrswirtschaft Post-Logistik
Telekommunikation (BG Verkehr)

Umgang mit traumatischen Ereignissen – Gezielte Unterstützung durch den Unfallversicherungsträger

1. Ausgangssituation

Gewaltvorkommnisse in der Arbeitswelt nehmen zu. Es ist nicht immer nur die körperliche Gewalt, mit der Mitarbeiterinnen und Mitarbeiter konfrontiert werden. Dabei geht es nicht nur um körperliche Gewalt, verbale Gewalt wie Anschreien, Beschimpfungen, Beleidigungen, Pöbeleien und Bedrohungen. Verhaltensweisen wie Bespucken, Antatschen, Schubsen oder Gaffen schockieren oft ebenso. Weitere psychische Gewalt sind Telefonterror, Mobbing, Stalking, Ausgrenzungen und Diskriminierungen. Sexualisierte Gewalt verknüpft physische mit psychischer Gewalt.

Solche Extremerfahrungen sind eine außergewöhnliche psychische Belastung für Betroffene und lösen Traumatisierungen aus. Extremereignisse, mit denen die Versicherten der BG Verkehr häufiger konfrontiert werden sind: Verkehrsunfälle mit verletzten Unfallbeteiligten oder tödlichen Unfallfolgen, Überfälle, verbale oder tätliche Übergriffe, Hundebisse.

Um Gewalt im Vorfeld zu vermeiden oder zu unterbinden sowie die Auswirkungen und Folgen von Gewalterfahrungen zu begrenzen, sind neben Politik und Gesellschaft auch die Unternehmen und die Unfallversicherungsträger gefordert.

2. Verantwortung des Unternehmers

Das Arbeitsschutzgesetz verlangt von Arbeitgeberinnen und Arbeitgebern, die Arbeit so zu gestalten, dass eine Gefährdung für das Leben sowie die physische und psychische Gesundheit möglichst vermieden und die verbleibende Gefährdung möglichst geringgehalten wird (§ 4 Allgemeine Grundsätze, ArbSchG, 1996, 2013). Dies wird durch die Beurteilung der Arbeitsbedingungen in Form einer Gefährdungsbeurteilung sichergestellt (§ 5 Beurteilung der Arbeitsbedingungen, ArbSchG, 1996, 2013).

3. Unterstützung durch die Unfallversicherung

Auch die Unfallversicherungsträger haben sich mit dem Tatbestand einer zunehmenden Gewaltbereitschaft und -ausübung auseinandergesetzt: Die Zahl der gemeldeten Arbeitsunfälle aufgrund von Gewalt, Angriff oder Bedrohung ging 2016 zwar leicht zurück, nachdem sie in den Jahren zuvor jedoch deutlich angestiegen war. Auch

2017 und 2018 stiegen die Zahlen wieder leicht an. (DGUV 2019, S. 89–91). Zu bedenken ist jedoch, dass in dieser Statistik nur die meldepflichtigen Arbeitsunfälle erfasst werden. Die Zahl der Vorkommnisse, insbesondere die der verbalen Attacken, dürfte bedeutend höher liegen.

Berufsgenossenschaften und Unfallkassen bieten ihren Versicherten Beratung und Unterstützung in vielfältiger Form an, wobei die Bereiche Prävention und Leistung (Reha) in Hinblick auf Maßnahmen meist miteinander verzahnt sind.

4. Spezielle Angebote der BG Verkehr

Auch die BG Verkehr verknüpft Maßnahmen der Prävention und Rehabilitation. Zur Gewaltprävention gehört die Beratung der Unternehmen durch Aufsichtspersonen und Arbeitspsychologen, welche Möglichkeiten es auf technischer, organisatorischer oder personeller Seite gibt, um aggressives Verhalten zu deeskalieren oder Gewalt zu verhindern. Da sich Extremsituationen jedoch nicht immer vermeiden lassen, müssen die Folgen von Traumatisierungen möglichst frühzeitig aufgefangen werden, damit es nicht zu dauerhaften körperlichen und psychischen Beeinträchtigungen kommt.

4.1 Deeskalationstrainings

Ein Angebot der Prävention sind Deeskalationstrainings für verschiedene Berufsgruppen: Für Fahrerinnen und Fahrer von Bussen und Taxis und Beschäftigte in der Brief- und Paketzustellung werden Deeskalationsstrategien vermittelt, um kritische Situationen mit Fahrgästen und Kunden zu entspannen. Das Verhalten von Beschäftigten kann manche bedrohliche Situation entschärfen und die meisten Kunden besänftigen. Erprobt werden im praktischen Training verschiedene Handlungsmöglichkeiten in Konflikt-, Bedrohungs- und Gewaltsituationen.

4.2 Seminare zur Ausbildung von psychologischen Ersthelfern im Unternehmen

Psychologische Ersthelferinnen und Ersthelfer (PEH) sind – ebenso wie medizinische Ersthelferinnen und Ersthelfer – wichtige Kontaktpersonen für Kolleginnen und Kollegen nach körperlicher oder psychischer Verletzung. Insbesondere Psychologische Ersthelfer können traumatisierten Personen wertvolle Unterstützung leisten und psychische Folgeschäden abfedern oder diese gar verhindern. Psychologische Erstbetreuung bedeutet, dass ausgebildete Mitarbeiterinnen und Mitarbeiter eines Unternehmens Kolleginnen und Kollegen, die eine traumatische Situation erlebt haben, Unterstützung anbieten und ihnen mit Rat und manchmal auch mit Tat zur Seite stehen. Neben einer möglichen praktischen Unterstützung ist die psychische Stabilisierung der Betroffenen meist noch wichtiger. Sie befinden sich in einer psychischen

Ausnahmesituation und brauchen jemanden, der einfach für sie da ist, mit dem sie reden können, der zuhört und sie mit ihrem inneren Chaos nicht alleine lässt. Grundlegende psychologische Bedürfnisse eines jeden Menschen wie das Bedürfnis nach Sicherheit, Schutz und Kontakt sind in Momenten der Ohnmacht und Hilflosigkeit besonders ausgeprägt und können von der Psychologischen Erstbetreuung aufgefangen werden.

4.3 Informationen
In einer sogenannten „Notfallmappe" sind wesentliche Informationen zur Vorbeugung von Gewalt und für die Bewältigung traumatischer Erlebnisse gebündelt. Im Einzelnen sind das:
- Eine Informationsschrift für Betroffene mit nützlichen Hinweisen zur Bewältigung des Extremereignisses. In ihr wird beschrieben, wie Traumatisierungen auf einen Menschen wirken, welche körperlichen und psychischen Reaktionen sich zeitverzögert entwickeln können und was man selbst tun kann, um mit dem Erlebten bestmöglich umzugehen.
- Eine Informationsschrift für Führungsverantwortliche zur Unterstützung von Mitarbeiterinnen und Mitarbeitern nach traumatischen Erlebnissen. Für Betroffene ist es ganz wichtig, dass Führungsverantwortliche Verständnis dafür haben, dass sie – obwohl körperlich unverletzt – trotzdem nicht zur Alltagsroutine zurückkehren können.
- Ein Flyer „Traumatisierende Ereignisse – Was ist zu tun?". Er fasst kurz alle relevanten Informationen rund um das Thema zusammen und enthält die Kontaktdaten der jeweiligen Ansprechpartnerinnen und Ansprechpartner der BG Verkehr (Traumalotsen) aus den unterschiedlichen Regionen.

Traumalotsen sind speziell geschulte Mitarbeiterinnen und Mitarbeiter der BG Verkehr aus der Leistungsabteilung, die zeitnah nach traumatischen Ereignissen schnelle und unkomplizierte professionelle Hilfe für betroffene Versicherte organisieren. Oft werden die Traumalotsen selbst aktiv und nehmen Kontakt mit Betroffenen auf, wenn sie anhand der Unfallanzeigen feststellen, dass lange Ausfallzeiten ohne körperliche Verletzungen vorliegen, die auf eine Traumatisierung schließen lassen. Oder sie reagieren auf die Meldungen eines Psychotraumas mit Wunsch nach professioneller Betreuung.
- Ein Informationsblatt gibt Hinweise zum Verhalten bei und nach einem Überfall.
- Formulare zur Anzeige des Unfalls oder Ereignisses an die BG Verkehr (gesetzliche Unfallanzeige).

- Ein Formular, mit dem weitere psychische Unterstützung angefordert werden kann. Mit diesem sogenannten „Schockfax" wird den Traumalotsen mitgeteilt, dass Betroffene professionelle Hilfe benötigen.
- Eine Orientierungshilfe „Traumatische Ereignisse" zur Erstellung der Gefährdungsbeurteilung. Mit ihr erhalten Führungsverantwortliche Hinweise, wie sie traumatischen Ereignissen vorbeugen können und welche Maßnahmen geeignet sind, um Beschäftigten betriebliche Unterstützung anzubieten.
- Schließlich können Unternehmerinnen und Unternehmer sowie Vorgesetzte eine Unterweisungskarte nutzen, um ihre Beschäftigten über „Traumatisierende Ereignisse" zu unterweisen.

Literatur
Berufsgenossenschaft Verkehrswirtschaft Post-Logistik Telekommunikation (BG Verkehr) (Hrsg.) (2019). Notfallmappe – Traumatisierende Ereignisse. Informationen für Betroffene und Führungsverantwortliche. 5. überarbeitete Auflage. https://www.bg-verkehr.de/medien/medienkatalog/handbuecher/notfallmappe-traumatisierende-ereignisse.
Deutsche Gesetzliche Unfallversicherung (DGUV) (Hrsg.) (2019): Arbeitsunfallgeschehen 2018. Berlin.

Verzeichnis der Autorinnen und Autoren im Ergänzungsband

Adolph Lars **113**
Bärenz Peter **93**
Barthelmes Ina **21**
Bendel Alexander **15**
Binder Henriette **37**
Birkenhauer Frank **75**
Blum Alexander **75**
Bödeker Wolfgang **21**
Braun Martin **99**
Darteh Judith **105**
Dittler Ullrich **109**
Eickholt Clarissa **113**
Flake Claudia **87**
Giesert Marianne **22**
Habenicht Henrik **69**
Hagels Hansjörg **69**
Hagemann Vera **75**
Holtz Maik **75**
Hoppe Julia **69**
Joost Stefan **23**
Kleinlercher Kai-Michael **21**
Köppel Gerrit **57**
Krivec Jasmin **93**
Kuijs Hendrik **109**
Latniak Erich **15**
Liebrich Anja **22**
Linke Andrea **109**
Lorei Clemens **29, 33**
Marrenbach Dirk **99**
Martens André **37**
Menzel Marita **69**
Nachreiner Friedhelm **79**
Nagel Tanja **69**
Nettelnstroth Wim **37, 63**
Neumann Jutta **109**
Oberkötter Rainer **125**

Odoy Jennifer **21**
Overhagen Mark **75**
Reinke Kathrin **83**
Reuter Tobias **22**
Ruttke Tobias **69**
Schäflein-Armbruster Robert **109**
Schmeink Claudia **83**
Schmider Marcel **109**
Schmitz Lena **113**
Schneider Katharina **83**
Scholtz Oliver **99**
Sörensen Jelena **21**
Spieß Julia **45, 117**
Splittgerber Bettina **87**
Stocker Andrea **51**
Templer Martin **113**
Trimpop Leonie F. **121**
Trimpop Rüdiger **5, 69, 113**
Uhle Thorsten **57**
Vogt Ulla **125**
Weber Arno **109**
Weiser Imke **45**
Wiessmann Fritzi **131**
Willutzki Ulrike **121**
Winkelmann Anja **113**
Wolf Carolin **125**
Zercher Désirée **93**
Zimber Andreas **45, 117**